AI와 원자력

AI문고

인공지능 시대입니다. 기계가 인간의 인지를 대신하고, 사물이 인간을 통하지 않고 다른 사물과 직접 커뮤니케이션합니다. 이에 따른 인간 삶과 문명 변화를 정확히 이해 · 예측 · 대응하는 것은 이 시대 우리 모두의 과제입니다. AI문고는 인공지능 기술과 환경의 여러 주제를 10가지 키워드로 정리합니다. 관련 개념과 이론, 학계와 산업계의 쟁점, 우리 일상의 변화를 다룹니다. 인간과 기술의 현재, 미래를 세심히 분석합니다.

일러두기

- 인명, 작품명, 저서명, 개념어 등은 한글과 함께 괄호 안에 해당 국가의 원어를 병기했습니다.
- 외래어 표기는 현행 어문규정의 외래어표기법을 따랐습니다. 단, 딥러닝 등 업계에서 굳어진 용어는 관행을 따랐습니다.

처음이세요?

전문가세요?

지금, 큐알 찍으면

- AI 입문서 바로 선물
- 당신만의 필독서 추천
- 500권 요약본 공짜
- 오디오북 무료 사용

AI와 원자력

유용균

대한민국, 서울, 커뮤니케이션북스, 2025

AI와 원자력

지은이 유용균
펴낸이 박영률

초판 1쇄 전자책 펴낸날 2025년 8월 18일

커뮤니케이션북스(주)
출판 등록 2007년 8월 17일 제313-2007-000166호
02880 서울시 성북구 성북로 5-11
전화(02) 7474 001, 팩스(02) 736 5047
commbooks@commbooks.com
www.commbooks.com

ISBN 979-11-430-0861-9 03500

책값은 뒤표지에 표시되어 있습니다.

차례

인공지능과 원자력, 새로운 시대의 서막

인류는 지금 기후 변화와 에너지 안보라는 거대한 두 개의 파도 앞에 서 있다. 화석 연료 시대의 종말이 가까워지면서, 안정적이고 깨끗한 에너지 공급원을 향한 갈망은 그 어느 때보다 절실하다. 이러한 시대적 요구 속에서 한동안 우리의 관심에서 멀어졌던 '원자력'이 가장 현실적인 대안으로 다시 떠오르고 있다. 동시에, 인류는 '인공지능(AI)'이라는 또 다른 거대한 기술 혁명의 한복판을 지나고 있다. 인간의 지적 능력을 하나씩 정복해 가며 스스로 학습하고 추론하며, 창조하는 AI의 등장은 산업과 사회의 모든 구조를 근본적으로 바꾸고 있다.

가장 강력한 에너지원인 원자력과 인류 역사상 가장 강력한 지적 도구인 인공지능이 만났을 때, 과연 어떤 미래가 펼쳐질 것인가? 이 질문에 답하기 위해, 우리는 먼저 AI가 걸어온 길과 현재의 모습을 명확히 이해하고, 이를 바탕으로 원자력이라는 특수하고 중요한 분야에 어떻게 적용될 수 있는지를 탐색하고자 한다.

인공지능의 진화: 계산 도구에서 지능형 에이전트로

인공지능의 역사는 '생각하는 기계'를 만들고자 했던 인간의 오랜 꿈에서 시작되었다. 1956년 다트머스 회의(Dartmouth Conference)에서 '인공지능'이라는 용어가 탄생한 이래, AI는 수차례의 겨울을 겪으며 발전해 왔다. 초기 연구자들은 인간의 뇌 구조를 모방한 퍼셉트론(Perceptron)과 같은 신경망 모델을 통해 컴퓨터가 스스로 학습하고 현명해질 수 있다는 낙관적인 전망을 내놓았지만, 곧 복잡한 현실 세계의 문제를 해결하는 데 한계를 보이며 긴 암흑기를 맞았다. 1980년대에는 특정 분야 전문가의 지식을 규칙 기반으로 구현한 '전문가 시스템(Expert Systems)'이 잠시 부흥했으나, 이 역시 확장과 유연성에 한계를 드러냈다.

이러한 경험을 통해 AI 학계는 인간의 지능을 완벽히 모방하려는 거대한 목표 대신, 데이터를 통해 스스로 학습하고 '합리적으로 동작하는 시스템'을 만드는 것으로 방향을 수정했다. 1990년대 통계적 학습 이론과 2012년 이미지넷(ImageNet) 대회에서 딥러닝(Deep Learning) 기술을 사용한 알렉스넷(AlexNet)의 압도적 우승은 현대 기계 학습(Machine Learning) 시대의 본격적인 개막을 알렸다. 2016년 알파고(AlphaGo)가 세계 최고의 바둑기사 이세돌 9단을 꺾은 사건은 AI가 특정 영역에서 인간의 지능을 넘어설 수 있음을 전 세계에 각인했고, 2022년 말 챗지피티(ChatGPT)의 등장은 AI가 전문가의 도구를 넘어 일상으로 들어오는 대화형 AI 시대를 열었다.

그리고 지금, 2025년 현재, 우리는 또 한 번의 패러다임 전환을 목격하고 있다. AI는 이제 단순히 주어진 데이터에서 패턴을 찾고, 질문에 답하는 수준을 넘어, 스스로 목표를 설정하고, 계획을 세우며, 외부 도구를 활용하여 실제 세계에 영향을 미치는 '지능형 에이전트(Intelligent Agent)'로 진화하고 있다. 이러한 변화는 크게 세 가지 기술적 흐름에 의해 주도되고 있다.

첫째, '거대 언어 모델(LLM, Large Language Model) 기술의 발전'이다. 과거의 AI가 특정 작업(예: 고양이 사진 분류)을 위해 해당 데이터만 집중적으로 학습하는 '전문가'였다면, 최신 거대 언어 모델은 인터넷의 방대한 텍스트와 데이터를 자기 지도 학습(Self-Supervised Learning) 방식으로 학습한 '박식한 제너럴리스트'에 가깝다. 이는 AI가 특정 분야에 국한되지 않는, 세상의 보편적인 지식과 언어의 맥락을 이해하는 거대한 기반 모델(Foundation Model)로 거듭났음을 의미한다. 이 강력한 기반 덕분에 AI는 이제 새로운 작업을 배울 때마다 처음부터 시작할 필요 없이, 기존 지식을 바탕으로 빠르게 적응하고 확장할 수 있게 되었다.

둘째, '추론 시점 컴퓨팅(Test-Time Computing)'을 통한 사고 능력의 비약적 향상'이다. 과거의 AI 모델이 훈련(training) 과정에서 지식을 축적한 뒤, 답변 시점(test-time)에는 저장된 지식을 빠르게 꺼내 쓰는 방식이었다면, 최신 AI는 답변을 요구받으면 '생각할 시간'을 버는 새로운 방식을 채택했다. 즉 즉각적으로 결과를 내놓는 대신, 문제 해결을 위한 논리적 흐름을 스스로 생성하고 검토하는 것이다. 이는 AI가 정답뿐만 아니라 정답에 이르는 '과정'을 생각하게 함으로써, AI가 단순한 패턴 인식을 넘어 논리적인 판단을 가능하게 해 준다. 이는 AI가 논리적 계획과 문제 해결 능력을 갖추게 되었음을 의미하며, 지능형 에이전트의 핵심적인 두뇌 역할을 한다.

셋째, '멀티 에이전트 시스템의 등장'이다. 복잡한 임무는 더 이상 하나의 AI가 모두 처리하지 않는다. 마치 하나의 기업처럼, 목표를 설정하고 작업을 분배하는 '기획자 에이전트', 필요한 정보를 찾아오는 '검색 에이전트', 실제 코드를 작성하거나 도구를 사용하는 '실행 에이전트', 그리고 결과물을 비판적으로 검토하는 '평가 에이전트' 등이 팀을 이루어 협력한다. 오토지피티(AutoGPT)나 챗데브(ChatDev)와 같은 프레임워크는 이러한 멀티 에이전트 시스템의 가능성을 보여 주었다. 이처럼 AI들이 서로 소통하고 협력하며 공동의 목표를 달성하는 방식은 과거에는 불가능했던 복잡하고 장기적인 과업의 자동화를 가능하게 만들고 있다.

이 세 가지 흐름—방대한 사전 지식, 유연한 추론 능력, 그리고 조직적인 협업—이 결합되면서, AI는 스튜어트 러셀(Stuart Russell)과 피터 노빅(Peter Norvig)이 제시했던 본래의 정의, 즉 "환경을 인식하고, 그 환경에 영향을 미치는 행동을 하는 지능적 에이전트"에 근접하고 있다. 인류가 만들어 낸 가장 복잡하고 중요한 시스템 중 하나인 '원자력'은 이러한 최첨단 지능형 에이전트 기술을 만나 새로운 차원의 안전성과 효율성을 확보하게 될 것이다.

AI 활용의 두 가지 방향: 수학적 도구와 지능형 에이전트

오늘날 AI를 머신러닝이나 딥러닝과 동일시하는 경향이

있지만, 이는 AI라는 거대한 시스템을 구성하는 중요한 '요소 기술'의 하나일 뿐이다. 이러한 관점을 원자력과 인공지능의 융합 과정에 적용해 보면, 원자로 이상 탐지 등 특정 문제를 해결하기 위한 정교한 '수학적 도구'에서 시작하여, 이 도구들을 유기적으로 통합하고 조율하여 복잡한 임무를 자율적으로 수행하는 '지능형 에이전트'로 발전하는 과정으로 설명할 수 있다.

이는 마치 개별 부품에서 시작하여 하나의 완전한 기계를 조립하는 것과 같다. 예측(2장), 영상 분석(3장), 시뮬레이션(4장)과 같은 전문화된 AI 기술들은 시스템을 구성하는 핵심 '부품(도구)'에 해당한다. 그리고 이 부품들을 하나의 목표 아래 지능적으로 결합하고 지휘하는 것이 바로 '완성된 기계(에이전트)'다. 진정한 의미의 인공지능은 본질적으로 다양한 요소 기술들이 하나의 목표를 위해 유기적으로 통합된 '시스템 학문(systems discipline)'이기 때문이다.

AI를 정교한 '수학적 도구'로 활용하기

첫 번째 관점은 AI를 구성하는 딥러닝과 같은 기계 학습 알고리즘을 복잡한 물리 현상을 해석하고 미래를 예측하는 강력한 수학적 · 통계적 도구로 활용하는 것이다.

이는 AI의 신경망 모델이 본질적으로 복잡한 비선형 함수를 근사하는 능력을 가졌다는 점에서 출발한다.

원자력 분야에서 이는 다음과 같은 방식으로 구체화된다. 2장에서 다루는 '예측 정비'는 이 접근법의 대표적인 사례다. 원자로의 수많은 센서 데이터를 AI 모델에 학습시켜, 시스템의 정상 상태를 수학적으로 정의하고, 여기서 벗어나는 미세한 패턴을 감지하여 미래의 고장을 예측한다. 여기서 AI는 데이터 속의 복잡한 시계열 패턴을 분석하는 고도의 통계 분석 도구로 기능한다.

4장에서 설명하는 '시뮬레이션 가속화' 역시 마찬가지다. 수 주에서 수개월이 걸리는 전산 유체 역학(CFD)이나 유한 요소법(FEM) 시뮬레이션의 수많은 입출력 데이터를 AI 대리 모델(surrogate model)에 학습시킨다. AI는 이 과정을 통해 복잡한 물리 방정식의 해를 직접 푸는 대신, 입력과 출력 사이의 관계를 근사하는 빠르고 효율적인 함수를 학습하게 된다. 이는 기존의 수치 해석 알고리즘의 성능을 개선하고 계산 비용을 획기적으로 줄이는, AI의 수학적 능력을 활용한 전형적인 예시다.

이처럼 AI를 수학적 도구로 활용하는 것은 특정 문제를 해결하는 데 매우 강력하고 효율적이다. 하지만 이 관점은 AI의 잠재력을 일부만 활용하는 것이다. 이는 AI 알고리즘을 수학적인 문제 해결 도구로 사용하는 단계에 머물러 있으며, AI가 스스로 환경과 상호작용하며 목표를 달성하는 단계까지는 나아가지 못한다.

지능형 에이전트로서의 AI 활용

두 번째 관점은 AI를 단순히 분석 도구로 사용하는 것을 넘어, 주변 환경을 인식(perceiving)하고, 그 환경에 영향을 미치는 행동(acting)을 하는 지능적 주체, 즉 '에이전트'로 구축하는 것이다. 이는 AI의 고전적 정의에 가장 부합하는 접근법이며, 최근 거대 언어 모델과 물리적 AI(Physical AI) 기술의 발전으로 현실화되고 있다.

지능형 에이전트는 데이터 분석을 넘어 인식, 추론, 계획, 실행이라는 지능적 행동의 순환 고리를 완성한다. 6장과 8장에서 다루는 '지능형 문서 관리 및 질의응답 시스템'은 정보 에이전트(information agent)의 초기 형태로 볼 수 있다. 이 시스템은 사용자의 질문이라는 환경 변화를 인식하고, 방대한 문서라는 지식 기반 속에서 추론하여, 가장 적합한 답변을 생성하는 행동을 수행한다.

이 개념의 최종 진화 형태가 바로 9장에서 집중적으로 다루는 '자율 운전 에이전트'다. 이 에이전트는 원자로의 실시간 운전 데이터를 '인식'하고, 거대 언어 모델과 지식 그래프를 통해 현재 상태의 의미를 '추론'하며, 디지털 트윈을 활용해 미래를 시뮬레이션하여 최적의 운전 전략을 '계획'하고, 마침내 제어 시스템에 명령을 내리는 '행동'을 수행한다. 이는 AI가 단순한 분석 결과를 제시하는 것을 넘어, 원자로 운영이라는 복잡한 임무를 자율적으로 수행하는 주체가 되는 것이다.

이처럼 AI를 '수학적 도구'로 활용하는 것과 '지능형 에이전트'로 구현하는 것은 근본적으로 다른 차원의 접근이다. 전자가 연구자가 문제를 풀기 위해 '수학' 즉 도구를 사용하는 것과 같다면, 후자는 그 수학적 원리를 내장하여 스스로 문제를 해결하는 '컴퓨터'나 '로봇'과 같은 시스템을 활용하는 것으로 비유할 수 있다. 이 책은 이 두 가지 관점을 모두 아우르며, 원자력 분야에서 AI의 활용 가능성을 데이터 분석에서부터 완전한 자율 운영 시스템 구축에 이르기까지 소개하려고 한다.

인간과 AI가 함께 열어 갈 원자력의 미래

AI가 운전하고, 정비하고, 심지어 연구까지 수행한다면, 앞으로 인간의 역할은 필요가 없어질 것인가? 그렇지 않다. 인간과 AI가 각자의 강점을 극대화하며 협력한다면 보다 안전하고 효율적인 원자력 시스템을 운영하게 될 것이다.

미래의 원자력 전문가들은 더 이상 많은 시간이 필요한 문서 작업이나 기계적인 운전 조작에 시간을 쏟지 않을 것이다. 대신, 그들은 AI 시스템 전체를 관리하고 감독하는 '감독자'이자 '프로젝트 매니저'가 될 것이다. 인간은 AI 에이전트에게 '안전성을 최우선으로 하고 운영 효율을 극대화하라'와 같은 상위 목표를 부여하고, AI가 그 목표를 잘 수행하고 있는지 전체적인 상황을 감독하고 관리한다.

또한, 인간은 고유의 통찰력과 경험을 바탕으로 하는 '전략가(Strategist)'의 역할을 맡게 된다. AI가 처리한 방대한 정보와 분석 결과를 바탕으로 더 높은 수준의 전략적 의사 결정을 내리는 것이다. 차세대 원자로 설계 방향을 정하거나, 원자력과 재생 에너지를 어떻게 조화롭게 운영할지, 혹은 연구 결과가 사회에 미칠 윤리적 함의를 평가하는 등 복합적이고 창의적인 판단은 여전히 인간의 고유한 영역으로 남을 것이다.

그리고 무엇보다 중요한 것은, AI의 행동에 대한 기준을 설정하고, 그 판단의 최종 책임을 지는 관리자로서의 역할이다. AI에게 '안전'의 가치를 가르치고, 그 결정이 우리 사회가 수용할 수 있는 범위 안에 있도록 하는 것은 오직 인간만이 할 수 있는 일이다.

이 책은 총 열 개의 장을 통해 원자력과 인공지능의 융합이 만들어 낼 미래를 구체적으로 그려 나갈 것이다. 1장에서는 차세대 원자로의 등장과 함께 AI 기술의 필요성이 왜 더욱 증대되는지를 논하며, 2장과 3장에서는 각각 데이터 예측과 영상 감시를 통해 AI가 어떻게 원전의 안전성을 사전 예방적으로 강화하는지 살펴본다. 4장과 5장에서는 AI를 활용한 시뮬레이션 가속화와 디지털 트윈 구축을 통해 원자력 기술 개발과 운영의 효율성을 어떻게 혁신하는지 다룬다. 6장에서 8장까지는 거대 언어 모델과 지능형 문서 관리 시스템이 어떻게 방대한 원자력 지식과 규제 체계를 전문가의 손안에 쥐여 주는 강력한 도구가 되는지를 설명한다. 9장에서는 이 모든 기술의 집약체인 지능형 에이전트가 어떻게 자율적인 원자로 제어를 실현하는지 소개하며, 마지막 10장에서는 이러한 기술적 진보가 가져올 원자력 산업의 미래상과 그 속에서 새롭게 정의될 인간의 역할을 조망한다.

짧은 내용이지만 이 책이 원자력 전문가들에게는 AI라는 새로운 도구를 통해 당면 과제를 해결할 통찰을, AI 전문가들에게는 원자력이라는 도전적인 분야에서 기술의 지평을 넓힐 영감을, 그리고 원자력과 AI의 미래에 관심 있는 모든 독자에게는 기술이 인류의 난제를 해결하고 더 나은 미래를 열어 가기 위한 안내서가 되기를 바란다.

참고문헌

Brown, T. et al.(2020). Language Models are Few-Shot Learners. Advances in Neural Information Processing Systems(NeurIPS).

Crawford, K. & Calo, R.(2016). There is a blind spot in AI research. *Nature, 538*(7625), pp.311~313.

DeepSeek AI et al.(2025). DeepSeek-R1: Incentivizing Reasoning Capability in LLMs via Reinforcement Learning. arXiv:2501.12948.

Long, J.(2023). Large Language Model Guided Tree-of-Thought, arXiv preprint arXiv:2305.08291

Krizhevsky, A. et al.(2012). ImageNet Classification with Deep Convolutional Neural Networks. In *Advances in Neural Information Processing Systems.*

Lu, C. et al.(2024). The AI Scientist: Towards Fully Automated Open-Ended Scientific Discovery. arXiv preprint.

Mittelstadt, B. et al.(2016). The ethics of algorithms: Mapping the debate. *Big Data & Society, 3*(2).

Nilsson, N. J.(1998). *Artificial Intelligence: A New Synthesis.* Morgan Kaufmann.

Ouyang, L. et al.(2022). Training language models to follow instructions with human feedback. *Advances in neural information processing systems, 35*, pp.27730~27744.

Russell, S. & Norvig, P.(2010). *Artificial Intelligence: A Modern Approach*. Prentice Hall.

Sakana AI.(2024). Towards Fully Automated Open-Ended Scientific Discovery. sakana.ai.

Silver, D. et al.(2016). Mastering the game of Go with deep neural networks and tree search. *Nature, 529*(7587), pp.484~489.

Singh, I. et al.(2022). ProgPrompt: Generating Situated Robot Task Plans using Large Language Models.arXiv:2209.11302.

Vapnik, V. N.(1995). *The Nature of Statistical Learning Theory*. Springer.

Yao, S. et al.(2023). ReAct: Synergizing Reasoning and Acting in Language Models. International Conference on Learning Representations.

Yu, Y. et al.(2025). Toward Intelligent Mechanical Systems: Control and Decision-Making with Large Language Models. JMST Advances

01

차세대 원자로와 AI의 필요성

기후 위기와 에너지 안보 문제가 전 지구적 과제로 떠오르면서 원자력 에너지가 다시 주목받고 있다. 특히 소형 모듈 원자로(SMR)를 비롯한 차세대 원자로는 높은 안전성과 다양한 활용 가능성으로 미래 에너지 시스템의 핵심으로 부상하고 있다. 하지만 차세대 원자로가 성공적으로 안착하기 위해서는 안전성과 경제성을 획기적으로 향상해야 하는 과제가 남아 있다. 안전하고 경제적인 차세대 원자로를 위한 필수 기술로서 AI가 왜 중요한지 소개한다.

AI와 1인 창업?

AI와 원자력, 새로운 공생 관계

2011년 후쿠시마 원전 사고는 전 세계 원자력 산업에 깊은 성찰의 시간을 가져왔다. 그러나 2025년 현재, 우리는 '탄소 중립'과 'AI 혁명'이라는 두 가지 거대한 패러다임 전환의 한가운데서 원자력의 부활, 즉 '원자력 르네상스'를 목격하고 있다.

탄소 중립 목표 아래, 변동성이 큰 재생 에너지의 한계를 보완할 안정적인 무탄소 기저 전원으로서 원자력의 역할이 재평가되고 있다. 러시아-우크라이나 전쟁으로 촉발된 글로벌 에너지 대란은 에너지 안보의 중요성을 각인하며 그 가치를 더욱 부각했다. 하지만 지금 원자력의 부활을 이끄는 더 강력한 동력은 바로 AI 기술 그 자체다.

AI와 원자력은 단순히 한쪽이 다른 쪽을 돕는 관계를 넘어, 서로의 존재를 가능하게 하는 공생 관계로 진입하고 있다. 이 책은 'AI가 원자력을 어떻게 도울 것인가'에 대해 깊이 탐구하기에 앞서, '원자력이 AI 시대를 어떻게 가능하게 하는가'라는 더 근본적인 질문에 먼저 답하고자 한다.

AI 기술의 폭발적인 성장은 막대한 양의 전력을 소비하는 데이터 센터의 증설을 동반한다. 블룸버그엔이에

프(BloombergNEF)의 2025년 보고서에 따르면, AI로 인한 데이터 센터의 전력 수요는 2035년까지 미국 전체 전력 수요의 8.6퍼센트를 차지할 것으로 전망된다. 마이크로소프트, 구글과 같은 빅테크 기업들은 자신들의 AI 인프라를 뒷받침할 안정적이고 탄소 배출이 없는 대규모 전력원을 절실히 찾고 있다.

바로 이 지점에서 소형 모듈 원자로(SMR)를 포함한 차세대 원자로가 핵심 해결책으로 떠오른다. 소형 모듈 원자로는 소규모 부지에 건설 가능하고 24시간 안정적인 무탄소 전력을 공급할 수 있어, AI 데이터 센터에 최적화된 에너지원으로 부상하고 있다. 즉 AI는 원자력의 안전과 경제성을 높이는 핵심 도구이며, 동시에 원자력은 AI 혁명을 지속 가능하게 만드는 핵심 기반 시설이 되는 것이다.

소형 모듈 원자로는 공장에서 원자로의 주요 기기를 모듈 형태로 제작해 건설 현장에서 조립하는 방식으로, 대형 원전 대비 건설 기간을 단축하고 초기 투자 비용을 절감할 수 있다. 또한 중력과 같은 자연 현상을 이용해 전원 공급 없이도 원자로를 냉각하는 피동형 안전 계통을 채택하여 안전성을 획기적으로 높였다. 차세대 원자로는 용융염 원자로(MSR, Molten Salt Reactor), 소듐 냉각 고속로(SFR, Sodium-cooled Fast Reactor) 초고온 가스로(VHTR, Very High Temperature Reactor) 등 다양한 냉각재와 혁신적인 핵연료 주기를 도입하여 안전성을 극대화하는 동시에, '사용 후 핵연료' 발생량을 줄이거나 수소 생산, 해수 담수화 등 다양한 산업에 활용될 수 있는 잠재력을 지닌다.

하지만 이러한 장밋빛 전망에도 불구하고 차세대 원자로가 넘어야 할 산은 여전히 높다. 첫 번째 과제는 '절대적 안전성'의 입증이다. 차세대 원자로는 혁신적인 안전 개념을 도입했지만, 새로운 설계와 신소재, 복잡한 시스템이 만들어 낼 수 있는 잠재적 위험을 완벽하게 예측하고 통제하는 것은 완전히 다른 차원의 문제다. 두 번째 과제는 '경제성 확보'다. 소형 모듈 원자로는 아직 상용화 초기 단계에 있어 '최초 호기' 건설 비용은 여전히 높게 형성될 수 있다. 또한 기존 원자로에 비해 출력이 낮으므로 고전적인 방식으로 운영한다면 경제성을 확보하기 어렵다. 꾸준히 하락하는 여타 에너지원과의 경쟁에서 살아남기 위해서는 획기적인 비용 절감 방안이 반드시 필요하다.

결국 차세대 원자로의 성패는 '안전성'과 '경제성'이라는 두 마리 토끼를 어떻게 잡느냐에 달려 있다. 기존의 설계, 운영, 규제 방식의 점진적 개선만으로는 이 두 가지 목표를 동시에, 그리고 압도적으로 달성하는 데 한계가 명확하다. 원자력 산업의 근본적인 체질 개선과 패러다임의 전환이 필요한 시점이며, 바로 그 중심에 AI 기술이 있다.

차세대 원자로의 안전성과 경제성의 두 마리 토끼를 잡는 열쇠, AI

운영 비용 절감의 핵심: 운전 및 유지 보수 인력의 최적화

원자력 발전 비용에서 가장 큰 비중을 차지하는 것 중 하나는 운영 및 유지 보수(O&M) 비용이며, 특히 고정 유지 보수 비용의 상당 부분은 인건비가 차지한다. 전통적인 대형 원전의 경제성은 '규모의 경제'에서 나왔지만, 소형화된 소형 모듈 원자로는 이 장점을 잃게 된다. 따라서 소형 모듈 원자로가 경제성을 갖추려면 유지 보수 비용의 혁신적인 절감이 필수적이며, 그 핵심은 바로 운전 및 유지 보수 인력의 효율화에 있다.

차세대 소형 모듈 원자로 발전소는 하나의 부지에 여러 개의 원자로 모듈을 설치하고, 중앙 제어실 한곳에서 소수의 인력이 이를 통합 운영 하는 개념을 지향한다. 예를 들어 미국의 뉴스케일(NuScale) 소형 모듈 원자로 설계는 최대 열두 개의 모듈을 단 하나의 제어실에서 운영하는 것을 목표로 한다. 하지만 인간 운전원 한 명이 수많은 모듈의 상태를 동시에 감시하고 제어하는 것은 인지적으로 엄청난 부담을 유발한다. 바로 이 지점에서 AI가 결정적인 역할을 한다.

AI 기반의 지능형 에이전트는 수많은 모듈에서 쏟아지는 방대한 센서 데이터를 24시간 쉬지 않고 실시간으로 분석하여, 운전원이 반드시 알아야 할 핵심 정보만을 선별하고 요약해서 제공한다. 중요하지 않은 수많은 경보를 걸러 주고, 이상 징후의 근본 원인과 예상 결과를 제시함으로써 운전원의 인지적 부담을 획기적으로 줄여준다. 이를 통해 소수의 운전원만으로도 다수의 원자로 모듈을 안전하고 효율적으로 관리하는 것이 가능해진다.

또한 AI는 유지 보수 비용 절감에도 직접적으로 기여한다. 2장에서 자세히 다룰 '예측 정비(predictive maintenance)' 기술은 설비의 고장을 미리 예측하여 정비 계획을 최적화한다. 이는 불필요한 부품 교체를 막고, 고장으로 인한 갑작스러운 가동 중단을 예방하고 결과적으로 발전소의 전체적인 운영 효율이 향상된다. 아르곤 국립연구소의 자료에 따르면 최적화된 유지 보수 일정은 현장에 상주해야 하는 기술자 수를 줄여 유지 보수 비용을 크게 절감하는 효과를 가져온다. 이처럼 AI는 운전 및 유지 보수 인력의 역할을 '단순 감시 및 반복 작업'에서 '고차원적 감독 및 전략적 의사 결정'으로 전환하며, 원자력 운영의 경제성을 근본적으로 개선한다.

사고 대응의 패러다임 전환: 인적 오류의 최소화

원자력 안전의 역사는 인적 오류와의 싸움이었다. 복잡하고 긴박한 사고 상황에서 인간의 판단 착오나 실수는 치명적인 결과로 이어질 수 있다. 미국 원자력 규제 위원회(NRC)의 연구(NUREG/CR-2114)에서도 강조되었듯이, 원전 운영과 같은 고위험 환경에서의 인간의 수행 능력은 '상황 인지', '의미 파악', '의사 결정', '조치'라는 복잡한 인지 과정을 거친다. 사고 상황에서는 이 모든 과정에서 오류가 발생할 위험이 크다.

AI는 바로 이 인간의 인지적 약점을 보완하고 강화하는 역할을 수행한다. AI 기반 자율 운영 시스템은 인간과 AI의 '팀워크'를 통해 안전성을 극대화하는 것을 목표로 한다.

첫째, AI는 인간이 놓칠 수 있는 미세한 이상 징후를 가장 먼저 '인지'한다. 둘째, 복잡하게 얽힌 경보와 데이터 속에서 문제의 본질을 '파악'한다. 예를 들어 아르곤 국립연구소에서 개발 중인 자동 추론 시스템(PRO-AID, Parameter-Free Reasoning Operator for Automated Identification and Diagnosis)은 단순히 경보를 띄우는 것을 넘어, 수많은 센서 데이터 간의 관계를 분석하여 고장의 근본 원인이 실제 부품의 문제인지, 아니면 센서 자체의 오류인지를 명확히 구분해 준다. 이는 인간 운전원이 잘못된 정보로 인해 상황을 오판하는 치명적인 실수를 막아 준다.

셋째, 최적의 대응 방안을 '결정'하도록 돕는다. 사고 발생 시 운전원은 극심한 스트레스 속에서 수천 페이지에 달하는 비상 운전 절차서 중 현재 상황에 맞는 절차를 찾아내야 한다. 이 과정에서 시간 지연이나 판단 착오가 발생할 수 있다. 거대 언어 모델 기반의 지능형 에이전트는 현재 상황을 즉시 분석하고, 방대한 절차서를 1초 안에 검색하여 "현재 압력이 정상 범위를 초과하고 있음. 매뉴얼 3.2.1에 따라 긴급 냉각 조치를 수행할 것"과 같이 명확하고 구체적인 지침을 제공할 수 있다. 이는 마치 가장 숙련된 선임 엔지니어가 옆에서 조언해 주는 것과 같은 효과를 내며, 운전원의 판단 부담을 덜어 주고 신속하고 정확한 대응을 가능하게 한다.

이처럼 AI는 사고 상황에서 인간의 인지적 부담을 줄이고, 데이터에 기반한 가장 합리적인 판단을 지원함으로써 인적 오류의 가능성을 최소화한다. 이는 원자력 안전의 패러다임을 '인간의 실수 방지'에서 '인간과 AI의 협력을 통한 안전성 극대화'로 전환하는 핵심적인 변화다.

단순 자동화를 넘어 지능형 자율 운전으로

인공지능이 원자력에 가져올 궁극적인 변화는 '자동화(Automation)'를 넘어 '자율 운전(Autonomous Operation)'의 시대를 여는 것이다. 자동화가 미리 정해진 규칙과 시나리오에 따라 시스템이 기계적으로 반응하는 것이라면, 자율 운전은 시스템 스스로 목표를 설정하고, 환경 변화를 인지하며, 학습을 통해 최적의 전략을 찾아 독립적으로 임무를 수행하는 것을 의미한다. 이는 특히 도심이나 산업 단지, 데이터 센터 인근에 건설되거나 해상 부유식, 우주 기지 등 인간의 상시 접근이 어려운 곳에 설치될 수 있는 소형 모듈 원자로에 필수적인 기술이다.

지능형 자율 운전을 구현하는 핵심 기술은 '지능형 에이전트(Intelligent Agent)'다. 지능형 에이전트는 디지털 트윈이라는 가상 세계 안에서 다양한 경우의 운전 시뮬레이션을 수행하며 스스로 운전법을 터득한다. 마치 인간이 게임을 배우듯, 성공적인 운전에는 '보상'을, 실패한 운전에는 '벌칙'을 받는 강화 학습 과정을 통해 정상 운전은 물론, 한 번도 경험해 보지 못한 비상 상황에서도 가장 안전하고 효율적으로 원자로를 제어하는 방법을 학습하게 된다. 이는 방대한 운전 절차서를 통째로 학습하고 이해하며, 실시간으로 변화하는 상황에 맞춰 최적의 절차를 스스로 적용하고 수행할 수 있음을 뜻한다. 인간 운전원은 이러한 AI 에이전트의 감독자(supervisor)이자 최종 의사 결정자로서, 보다 상위 수준의 안전 관리와 시스템 감시에 집중하게 될 것이다.

이처럼 인공지능은 차세대 원자로가 직면한 안전과 경제의 난제를 푸는 혁신적인 도구이자, 원자력 시스템의 운영 철학을 근본적으로 바꾸는 게임 체인저가 될 수 있다. 이어서 데이터 예측, 영상 감시, 시뮬레이션 가속화, 디지털 트윈 등 다양한 분야에서 인공지능이 원자력 산업에 어떻게 적용될 수 있는지 구체적인 사례에 대해서 설명한다.

참고문헌

Argonne National Laboratory.(2022. Aug. 23). "How artificial intelligence could lower nuclear energy costs". Retrieved from https://www.anl.gov/article/how-artificial-intelligence-could-lower-nuclear-energy-costs

Coban, R. & Guler, I.(2021). Artificial intelligence in nuclear technology. *Progress in Nuclear Energy, 137*, 103779.

International Atomic Energy Agency(IAEA).(2022). Artificial Intelligence for Accelerating Nuclear Applications, Science and Technology.

Lee, A.(2025, Apr. 18). Soaring U.S. Power Demand Will Need All Energy Sources. OilPrice.com. https://oilprice.com/Alternative-Energy/Nuclear-Power/Soaring-US-Power-Demand-Will-Need-All-Energy-Sources.html

Ponciroli, R. et al.(2022). "The Challenge of Autonomous Operation and Automated Reasoning as an AI Enabler". Presentation at the GIF Industry Forum, Toronto, Canada.

U.S. Department of Energy.(2020). Artificial Intelligence and Machine Learning for Nuclear Energy. DOE-NE.

Whaley, A. M. et al.(2016). Cognitive Basis for Human Reliability Analysis(NUREG/CR-2114). U.S. Nuclear Regulatory Commission.

02
원자로 유지 보수를 위한 데이터 예측

원자력 발전소를 운영하면서 발생하는 수많은 데이터 속에서 미세하게 발생하는 이상 징후의 전조를 모두 포착하는 것은 사실상 불가능에 가깝다. 고장 발생 후 조치하거나 정해진 주기에 따라 부품을 교체하던 기존의 유지 보수 방식과, 데이터를 통해 고장을 미리 예측하는 인공지능 기반의 유지 보수 방식을 비교하며 AI가 어떻게 원자로의 안전성과 효율성을 근본적으로 혁신하는지 구체적인 사례를 통해 소개한다.

AI와 MBTI?

기존 원자로 유지 보수 방식의 한계

전통적인 원자력 발전소의 유지 보수 전략은 크게 두 가지로 나눌 수 있다. 바로 '고장 후 정비'와 '주기 기반 정비'다.

고장 후 정비(CM, Corrective Maintenance)는 말 그대로 설비에 고장이 발생했을 때 비로소 수리하거나 부품을 교체하는, 가장 수동적이고 원시적인 방식이다. 이는 부품의 수명을 끝까지 사용할 수 있다는 장점이 있지만, 원자력 발전소와 같이 단 한 번의 고장이 치명적인 사고로 이어질 수 있는 시설에서는 절대적으로 피해야 할 방식이다. 고장으로 인한 갑작스러운 발전 정지는 막대한 경제적 손실을 유발할 뿐만 아니라, 안전에 심각한 위협이 될 수 있기 때문이다.

이러한 위험을 방지하기 위해 원자력 산업은 오랫동안 '주기 기반 정비(TBM, Time-Based Maintenance)'를 표준으로 삼아 왔다. 이는 설비의 실제 상태와는 무관하게 제조사가 권장하거나 경험적으로 정해 놓은 특정 주기에 따라 부품을 무조건 교체하고 점검하는 방식이다. 예를 들어, 2년마다 계획 예방 정비 기간이 되면 특정 펌프의 베어링이나 밸브의 밀봉재(seal)를 아직 멀쩡하더라도 교체하는 식이다. 이 방식은 고장이 발생하기 전에 미리 조치한다는 점에서 고장 후 정비보다 안전하지만 비효율성이 존재한다. 첫째, 아직 수명이 충분히 남은 부품을 낭비하게 되며 불필요한 비용을 발생시킨다. 둘째, 정해진 주기 사이에 예상치 못한 돌발 고장이 발생하는 것을 막지는 못한다. 부품의 노후화는 운전 환경, 가동률 등 복합적인 요인에 따라 달라지는데, 일괄적인 주기 설정은 이러한 개별적인 특성을 전혀 반영하지 못하기 때문이다.

이러한 정비 방식의 한계는 운전원의 역할에서도 드러난다. 주제어실의 운전원은 수많은 경보 시스템의 도움을 받지만, 오히려 이것이 독이 되기도 한다. 중요하지 않은 경보가 너무 자주 울리면 정작 중요한 경보를 놓치게 되는 '경보 피로(alarm fatigue)' 현상이 발생할 수 있다. 더 근본적인 문제는, 전통적인 경보 시스템은 대부분 특정값이 사전에 설정된 '한계치'를 넘어섰을 때 작동하는 사후 약방문식이라는 점이다. 이미 문제가 상당히 진행된 뒤에야 경고등이 켜지는 셈이다. 운전원이 수백 개의 계측기 값을 동시에 비교 분석 하여 정상 범주 내에서의 미세한 패턴 변화를 감지하고 미래의 고장을 예측하는 것은 인지적으로 불가능한 일이다.

데이터 기반 이상 징후 탐지

AI는 바로 이 지점에서 인간의 한계를 뛰어넘는 새로운 가능성을 제시한다. AI는 특정값의 높고 낮음이 아니라, 수많은 데이터 간의 '관계'와 '패턴'을 학습하여 시스템의 정상적인 상태를 정의한다. 그리고 그 정상적인 패턴에서 벗어나는 아주 사소한 변화, 즉 '이상 징후(anomaly)'를 실시간으로 포착해 낸다.

이러한 이상 징후 탐지에 널리 사용되는 기술 중 하나가 바로 '오토인코더(Autoencoder)'와 같은 비지도 학습(unsupervised learning) 모델이다. 비지도 학습은 AI에게 정답(고장 여부)을 알려 주지 않고, 정상 상태의 데이터만을 학습하여 그 고유한 구조와 특징을 스스로 터득하게 하는 방식이다. 이는 고장 데이터 자체가 매우 희귀한 원자력 분야에 특히 효과적이다. 수많은 정상 데이터 속에서 '정상'의 기준을 완벽하게 익힌 뒤, 아주 조금이라도 다른 패턴이 나타나면 이를 '비정상'으로 감지하는 것이다. 마치 의사가 수천 명의 건강한 사람 심장 박동 소리를 듣고 '정상적인 심박'의 패턴을 익힌 뒤, 아주 미세하게 다른 소리를 듣고 잠재적 질병의 징후를 감지하는 것과 같다.

오토인코더는 입력된 데이터를 인코더(encoder)를

통해 더 낮은 차원의 잠재 공간(latent space)으로 압축했다가, 다시 디코더(decoder)를 통해 원래의 차원으로 복원하는 훈련을 반복한다. 이 과정에서 모델은 정상 데이터의 핵심적인 특징만을 남겨 압축하고, 이를 다시 완벽하게 복원하는 방법을 학습한다. 학습이 완료된 후, 이 모델에 실제 원자로에서 들어오는 실시간 데이터를 입력한다. 만약 원자로가 정상 상태라면, 모델은 입력된 데이터를 거의 오차 없이 원본 그대로 복원해 낸다. 하지만 만약 냉각재 펌프의 베어링에 미세한 균열이 생기기 시작했거나 밸브 내부에 이물질이 끼는 등 문제가 발생하기 시작했다면, 이로 인한 데이터의 미세한 변화는 AI가 기억하는 '정상 패턴'과 달라진다. 그 결과 모델은 이 비정상적인 데이터를 제대로 복원하지 못하고, 입력값과 복원값 사이에 '복원 오차(reconstruction error)'라는 차이가 발생한다. 이 오차값이 갑자기 커지는 순간이 바로 AI가 이상 징후를 탐지하는 순간이다.

이는 전통적인 경보 시스템과 비교할 때 많은 차이를 가진다. 예를 들어, 한 펌프의 진동 한계치가 10밀리미터/초로 설정되어 있다고 가정하자. 전통적인 방식에서는 진동이 10밀리미터/초를 넘어야만 경보가 울린다. 하지만 AI 이상 징후 탐지 모델은 진동이 아직 3밀리미터/

초 수준일지라도, 같은 운전 조건(출력, 온도 등)의 과거 데이터 패턴과 비교했을 때 이례적으로 높은 경향을 보인다면 즉시 이상 징후로 판단할 수 있다. 이는 고장이 가시화되기 몇 주, 혹은 몇 달 전에 잠재적 위험을 미리 알려 주는 것과 같으며, 원자로 안전을 '반응적 대응'에서 '선제적 예방'의 차원으로 끌어올리는 핵심 기술이다.

실제로 국내의 원자력 연구원의 연구용 원자로 '하나로'에서는 이와 유사한 딥러닝 기술을 활용해 원자로 계통의 이상 징후를 조기에 탐지하는 시스템을 개발하여 그 성능을 입증한 바 있다. 이 연구에서는 실제 원자로 운전 데이터를 기반으로 오토인코더 모델을 학습시켰으며, 과거 발생했던 원자로 정지 사례들을 분석한 결과, 상당수의 경우에서 실제 정지 신호가 발생하기 전에 AI가 이상 징후를 성공적으로 감지했음을 확인했다. 이 사례는 데이터 예측 기술이 더 이상 먼 미래의 이야기가 아니라, 원자력의 안전과 경제성을 담보하는 현재의 기술로 자리매김하고 있음을 보여 준다.

예측 정비로의 진화

AI 기반 이상 징후 탐지가 '문제가 생기기 시작했다'는 것을 알려 주는 시스템이라면, '예측 정비(PdM, Predictive Maintenance)'는 여기서 한 걸음 더 나아가 '어떤 부품에, 무슨 문제가, 언제쯤 발생할 것인가'를 예측하는 한 차원 높은 단계의 유지 보수 전략이다.

이상 징후가 탐지되면, 그 즉시 해당 신호와 관련된 다른 센서 데이터들을 종합적으로 분석하여 고장의 원인을 진단하는 AI 모델이 작동한다. 예를 들어, 펌프의 특정 주파수 대역에서 비정상적인 진동 신호가 감지되었다면, AI는 이를 베어링 문제, 축 정렬 불량, 공동 현상(cavitation) 등 다양한 고장 유형 데이터베이스와 비교하여 가장 가능성이 높은 원인을 특정한다.

가장 중요한 것은 고장 시점을 예측하는 '잔여 유효 수명(RUL, Remaining Useful Life)' 예측 기술이다. AI 모델은 현재까지 축적된 설비의 운전 데이터와 이상 징후의 진행 속도 등을 분석하여, 해당 부품이 고장 나기까지 남은 시간을 예측해 준다. '향후 30일 이내에 A펌프의 베어링이 고장 날 확률 95퍼센트'와 같은 구체적인 정보를 제공하는 것이다.

이러한 예측 정비의 도입은 원자로의 안전과 효율을 동시에 극대화한다. 운전 및 정비 팀은 AI가 제공한 정보를 바탕으로 위험도가 높은 설비를 선제적으로, 그리고 체계적으로 관리할 수 있다. 갑작스러운 고장으로 인한 비계획 발전 정지를 원천적으로 방지함으로써 발전소의 가동률과 수익성은 자연스럽게 향상된다. 또한 아직 수명이 충분히 남은 부품을 불필요하게 교체하는 낭비를 없애고, 예측된 고장에 필요한 부품과 인력만을 적시에 투입함으로써 유지 보수 비용을 획기적으로 절감할 수 있다. 이는 정비를 더 이상 비용을 소모하는 활동이 아닌, 자산의 가치를 극대화하는 전략적인 활동으로 변화시킨다.

운영 및 규제 관점의 심화

앞의 사례에서 AI가 임계치를 넘기 전에 이상 징후를 탐지할 수 있다고 설명하였다. 이는 기술적 진보이지만, 동시에 새로운 운영 및 규제적 질문을 제기한다. 전통적인 운전 절차는 명확한 '임계치 초과'라는 사건에 기반하여 수립되어 있다. 하지만 AI가 제공하는 '향후 30일 내 고장 확률 95퍼센트'와 같은 확률적 '사전 경보(pre-alarm)'에 대해서는 어떻게 대응해야 하는가? 운전원은 즉시 설비를 정지해야 하는가, 감시를 강화해야 하는가, 아니면 다음 정비 주기까지 기다려야 하는가? AI 기반 예측 정비의 도입은 단순히 기술의 변화가 아니라, 운영 철학과 규제 패러다임의 변화를 요구한다.

참고문헌

Argonne National Laboratory.(n.d.). AI/ML for Maintenance. Retrieved from https://www.anl.gov/nse/ai-ml/maintenance

Chalapathy, R. & Chawla, S.(2019). Deep learning for anomaly detection: A survey. arXiv preprint arXiv:1901.03407.

Moubray, J.(1997). *Reliability-centered Maintenance*. Industrial Press Inc.

Ryu, S. et al.(2023). Development of deep autoencoder-based anomaly detection system for HANARO. *Nuclear Engineering and Technology, 55*(2), pp.475~483.

Stanton, N. A.(1994). Alarm and alarm management. *Applied Ergonomics, 25*(1), pp.13~17.

U.S. Nuclear Regulatory Commission.(2016). A Human Performance-Based Framework for a System of Teamwork (NUREG/CR-2114). Washington, D.C.: U.S. NRC.

03
원자로 감시를 위한 영상 AI

광활한 시설의 모든 영상을 소수의 인력이 감시하는 전통적인 방식은 인간의 피로와 인지적 한계라는 근본적인 약점을 안고 있다. 단순히 영상을 기록하고 보여 주는 것을 넘어, 영상 속 상황을 스스로 '보고 이해하는' AI 기반의 지능형 영상 감시 기술이 어떻게 원자력 시설의 안전과 보안을 새로운 차원으로 끌어올리는지 실제 사례를 통해 살펴본다.

AI와 난임 극복?

기존 영상 감시의 현주소

원자력 시설의 보안과 안전 감시는 그 어떤 시설보다 삼엄하고 촘촘하게 이루어진다. 광활한 부지의 외곽 울타리부터 주요 건물, 그리고 원자로 격납 건물 내부에 이르기까지 수많은 폐쇄 회로 텔레비전(CCTV)이 설치되어 중앙 통제실의 거대한 비디오 월(video wall)로 영상을 전송한다. 보안 요원들은 이 화면들을 응시하며 시설의 안전을 위협하는 모든 잠재적 위험을 감시하는 임무를 수행한다.

하지만 이 방식은 근본적인 한계를 내포하고 있다. 바로 '인간'이라는 변수다. 한 명의 요원이 동시에 수십, 수백 개의 화면을 지속적으로 집중해서 감시하는 것은 인지적으로 거의 불가능한 일이다. 장시간 같은 화면을 보고 있으면 피로가 누적되고 집중력은 자연스럽게 저하된다. 심리학에서 말하는 '무주의 맹시(inattentional blindness)' 현상처럼, 눈은 화면을 향하고 있지만 정작 중요한 변화나 움직임을 인지하지 못하고 놓치는 경우가 발생할 수 있다. 예를 들어, 수십 개의 화면 중 하나에서 아주 잠깐 나타났다 사라지는 침입자나, 서서히 피어오르는 희미한 연기를 즉시 알아차리기란 매우 어렵다.

또한 기존의 영상 감시는 본질적으로 '사후 대응적

(reactive)'이다. 보안 요원은 대부분 어떤 사건이 발생한 이후에야 그것을 인지하고 대응에 나선다. 누군가 이미 철책을 넘었을 때, 화재가 이미 발생하여 연기가 짙어졌을 때, 작업자가 넘어져 한참 동안 움직임이 없을 때 비로소 상황을 파악하게 되는 것이다. 이는 사건을 예방하는 것이 아니라, 이미 벌어진 사건의 피해를 최소화하는 데 초점이 맞춰져 있음을 의미한다.

더욱이 인간의 눈은 명백하고 가시적인 사건만 식별할 수 있다. 계기판의 바늘이 미세하게 떨리는 현상, 평소와 달리 바닥에 고여 있는 작은 물웅덩이, 혹은 특정 구역에서 안전모를 착용하지 않은 작업자처럼 숨겨져 있거나 복합적인 맥락 속에서만 의미를 갖는 잠재적 위험 신호들은 영상만으로는 파악하기 어렵다. 즉 감시 카메라가 촬영한 영상 데이터는 인간이 그 의미를 해석하기 전까지는 그저 픽셀의 나열에 불과하며, 그 해석 과정은 불완전하고 제한적일 수밖에 없다.

지능형 영상 분석의 원리

AI 기술, 특히 컴퓨터 비전(Computer Vision) 분야의 발전은 이러한 전통적 영상 감시의 한계를 극복할 새로운 패러다임을 제시한다. AI는 더 이상 영상을 수동적으로 보여 주는 데 그치지 않고, 영상 속 객체와 상황을 인간처럼, 때로는 인간을 뛰어넘어 스스로 인식하고 분석하는 '지능'을 갖게 되었다.

지능형 영상 분석의 핵심 기술은 크게 객체 탐지(Object Detection), 행동 분석(Behavior Analysis), 이상 행동 탐지(Abnormal Behavior Detection)로 나눌 수 있다. 객체 탐지는 영상 속에서 사람, 차량, 안전모 등 특정 객체를 식별하는 기술이다. 행동 분석은 시간에 따른 객체의 움직임 패턴을 분석하여 '달리기', '서성거림', '쓰러짐'과 같은 행동을 인식한다. 이상 행동 탐지는 AI가 평상시 영상 데이터를 학습하여 '정상 상태'의 패턴을 익힌 뒤, 이 패턴에서 벗어나는 예측 불가능한 위협까지 탐지하는 기술이다.

파운데이션 모델과 통합적 상황 인지: 단순 감지를 넘어 관계를 추론

최근에는 여기서 한 단계 더 나아가, 파운데이션 모델(Foundation Models)과 거대 언어 모델이 지능형 영상 감시의 지평을 넓히고 있다. 파운데이션 모델은 방대한 양의 레이블링(labeling)되지 않은 데이터로 사전 학습되어 다양한 작업에 유연하게 적용될 수 있는 AI 모델이다. 특히 이미지, 영상, 텍스트 등 여러 종류의 데이터를 함께 이해하는 비전 언어 모델(VLM, Vision-Language Model)은 영상 감시 분야에 혁신을 가져오고 있다.

비전 언어 모델을 활용하면, 감시 시스템은 단순히 "사람"이나 "차량"을 탐지하는 것을 넘어, 영상의 전체적인 맥락을 '이해'하게 된다. 예를 들어, 보안 요원은 더 이상 수백 개의 화면을 묵묵히 지켜볼 필요 없이, 자연어로 시스템에 질문을 던질 수 있다. "어제 오후 3시에서 5시 사이에 안전모를 착용하지 않고 A구역에 들어간 모든 사람을 보여 줘" 또는 "지난주 화요일 이 건물에서 저 사람의 동선을 추적해 줘"와 같은 복잡한 질문을 이해하고 해당 영상 클립을 즉시 찾아 제시한다. 이는 방대한 영상 데이터를 텍스트처럼 검색하고 분석할 수 있게 되었음을 의미하며, 보안 담당자의 업무 효율을 극대화한다.

지능형 감시 시스템의 실제 적용과 안전 강화 사례

지능형 영상 분석 기술은 원자력 시설의 다양한 영역에 적용되어 안전과 보안 수준을 획기적으로 높일 수 있다.

외부 침입 및 접근 통제 강화

원자력 시설의 가장 기본적인 보안은 외부인의 무단 침입을 막는 것이다. 기존에는 보안 요원이 순찰을 돌거나 폐쇄 회로 텔레비전을 통해 울타리 주변을 감시했지만, AI는 이를 자동화하고 지능화한다. 가상의 경계선을 설정해 두면, AI는 사람이나 차량이 이 선을 넘는 순간 즉시 경보를 울린다. 이때 나뭇잎이나 동물 같은 비위협적인 객체와 실제 사람을 구분하여 불필요한 오경보를 크게 줄일 수 있다. 침입이 감지되면 AI는 침입자의 이동경로를 자동으로 추적하며 여러 대의 카메라 화면을 유기적으로 전환해 보여 주고, 보안 요원에게 실시간으로 위치 정보를 전달하여 신속한 대응을 가능하게 한다. 또한 특정 구역에 인가되지 않은 사람이 접근하는 것을 감지하거나, 한 명씩 출입해야 하는 보안 게이트를 두 명이 동시에 통과하는 '테일게이팅(tailgating)' 행위 등을 자동으로 식별하여 보안 규정 위반을 막는다.

작업자 안전 관리

원자력 시설 내에서는 작업자의 안전이 무엇보다 중요하다. AI는 작업 현장을 실시간으로 모니터링하며 잠재적인 안전사고를 예방한다. 안전모나 안전 조끼 등 개인

보호 장비(PPE, Personal Protective Equipment) 착용이 의무화된 구역에서, AI는 모든 작업자가 규정된 장비를 제대로 착용했는지 자동으로 검사한다. 만약 안전모를 쓰지 않은 작업자가 있다면 즉시 관리자에게 알림을 보낸다. 또한 작업자가 갑자기 쓰러지거나 장시간 움직임이 없는 경우를 '쓰러짐' 상태로 감지하여 즉각적인 구조 신호를 보낼 수 있다. 이는 고립된 장소에서 발생할 수 있는 안전사고의 골든 타임을 확보하는 데 결정적인 역할을 한다.

화재 및 설비 이상 감시

화재나 설비 고장은 원자력 시설에 치명적인 위협이다. AI는 연기나 불꽃을 감지하는 기존 감지기보다 훨씬 초기 단계의 위험 신호를 포착할 수 있다. 예를 들어, 아주 희미한 연기나 증기 누출, 전선에서 발생하는 작은 스파크 등을 영상 분석을 통해 즉각적으로 감지한다. 특히 열화상 카메라와 AI를 결합하면, 특정 모터나 전기 패널이 과열되는 현상을 온도가 위험 수준에 도달하기 훨씬 전에 발견하여 선제적으로 조치할 수 있다. 바닥에 미세하게 새어 나온 냉각수나 기름이 만든 작은 물웅덩이를 식별하여 배관의 누설 가능성을 조기에 경고하는 것 역시

AI의 중요한 역할이다. 더 나아가, 소화기나 비상 샤워 시설 같은 안전 장비가 정해진 위치에 제대로 비치되어 있는지, 혹은 다른 물체에 의해 가려져 있지는 않은지를 AI가 상시 감시 하여 비상 상황 시 즉각 사용할 수 있도록 관리할 수 있다.

이처럼 AI 기반 영상 감시는 원자력 시설의 모니터링을 수동적이고 사후 대응적인 활동에서 능동적이고 예측적인 안전 관리 시스템으로 탈바꿈한다. 이는 인간 보안 요원을 대체하는 것이 아니라, 그들의 눈과 귀를 확장해 더욱 중요한 분석과 판단, 그리고 신속한 현장 대응에 집중할 수 있도록 돕는 강력한 협력자가 되는 것이다.

참고문헌

Bouachir, W. et al.(2020). AI-based video surveillance systems: A survey. *Journal of Network and Computer Applications, 167*, 102738.

Hanwha Vision.(2025, Jan. 3). Hanwha Vision unveils video surveillance trends for 2025. https://hanwhavision.eu/hanwha-vision-unveils-video-surveillance-trends-for-2025/

He, Z. et al.(2025). Harnessing Vision-Language Models for Time Series Anomaly Detection. arXiv preprint arXiv:2506.06836. https://arxiv.org/abs/2506.06836

Merritt, R.(2025. Feb. 11). What Are Foundation Models?

NVIDIA Blog.
https://blogs.nvidia.com/blog/what-are-foundation-models/

Qualcomm.(2025, Apr. 3). Qualcomm Dragonwing Intelligent Video Suite modernizes video management with generative AI at its core. Qualcomm News and Events.
https://www.qualcomm.com/news/onq/2025/04/intelligent-video-saas-on-prem-appliance-gen-ai-monitoring-security-surveillance

Security Industry Association.(2024, Jan. 5). Exploring AI Large Language Models – Boon or Bane for Security and Surveillance?
https://www.securityindustry.org/2024/01/05/exploring-ai-large-language-models-boon-or-bane-for-security-and-surveillance/

Special IT Weapons.(2024, Mar. 15). Enhancing CCTV Security with Large Language Models and Computer Vision.
https://specialitweapons.com/enhancing-cctv-security-with-large-language-models-and-cv/

Surveily.(n.d.). AI for Industrial Safety Surveillance.
https://surveily.com/glossary/ai-for-industrial-safety-surveillance

Szeliski, R.(2022). *Computer vision: Algorithms and applications.* Springer Nature.

Voulodimos, A. et al.(2018). Deep learning for computer vision: A brief review. *Computational intelligence and neuroscience, 2018.*

Yogesh S. R. et al.(2024). Foundation Models for Video Understanding: A Survey

04

AI를 활용한 원자력 시뮬레이션의 가속화

새로운 원자로를 설계하거나 기존 원자로의 안전성을 평가할 때, 가장 중요한 도구는 바로 '시뮬레이션'이다. 컴퓨터 가상 공간 안에서 원자로를 똑같이 만들어 보고, 다양한 조건에서 어떻게 작동하는지를 미리 시험해 보는 것이다. 하지만 이 과정은 엄청난 시간과 자원을 소모한다. AI가 어떻게 이 거대한 계산의 벽을 넘어 시뮬레이션을 빠르고 정확하게 만드는 새로운 지름길을 열어 주고 있는지 그 원리와 과정을 소개한다.

AI와 사주?

전통적인 원자로 시뮬레이션의 한계

원자로 내부에서는 핵분열로 인한 열 발생, 냉각재의 유동, 중성자의 움직임, 구조물의 열팽창 등 복잡한 물리 현상들이 동시에, 그리고 상호작용하며 일어난다. 이러한 현상들을 정확하게 예측하기 위해 공학자들은 유한 요소법(FEM, Finite Element Method)이나 유한 체적법(Finite Volume Method)과 같은 수치해석 기법을 사용한다. 이는 원자로 전체를 수백만, 수십억 개의 아주 작은 격자(mesh)로 나눈 뒤, 각 격자마다 열과 유체의 이동을 설명하는 복잡한 편미분 방정식을 풀어내는 방식이다.

이러한 방식은 물리 법칙에 기반하기 때문에 매우 정확한 결과를 제공하지만, 천문학적인 계산량을 요구한다는 치명적인 단점이 있다. 예를 들어, 원자로 냉각수가 비정상적으로 유출되는 사고 시나리오를 하나 시뮬레이션한다고 가정해 보자. 컴퓨터는 수억 개 격자 하나하나에 대해 매 순간 냉각수의 속도, 압력, 온도의 변화를 계산해야 한다. 이 때문에 단 한 번의 시뮬레이션을 실행하는 데에도 고성능 컴퓨팅(HPC, High Performance Computing) 클러스터가 동원되어 몇 주에서 길게는 몇 달의 시간이 소요된다.

이러한 '계산의 병목 현상'은 원자력 기술 발전에 여러 가지 제약을 만든다. 첫째, 혁신적인 설계를 가로막는다. 엔지니어들이 아무리 기발한 아이디어를 가지고 있어도, 그 설계안의 성능과 안전성을 검증하는 데 몇 달이 걸린다면 수많은 가능성을 탐색해 볼 엄두를 내지 못한다. 결국 제한된 몇 개의 후보 설계안만을 검토하게 되어 최적의 설계를 찾는 데 한계가 생긴다. 둘째, 안전성 평가에 구멍을 만든다. 이론적으로 발생할 수 있는 사고 시나리오는 무한히 많지만, 시간과 비용의 제약으로 인해 대표적인 몇 가지 시나리오에 대해서만 안전 해석을 수행하게 된다. 이는 우리가 아직 인지하지 못하는 잠재적 위험을 놓칠 수 있음을 의미한다. 셋째, 실시간 대응을 불가능하게 한다. 원자로 운전 중 예상치 못한 상황이 발생했을 때, "만약 A밸브를 닫으면 앞으로 10분 뒤에 무슨 일이 일어날까?"를 알기 위해 몇 주가 걸리는 시뮬레이션을 사용할 수는 없는 노릇이다. 결국 운전원의 경험과 제한된 절차서에 의존한 대응만이 가능할 뿐이다.

AI 대리 모델: 시뮬레이션의 새로운 지름길

이러한 전통적 시뮬레이션의 근본적인 한계를 극복하기 위해 등장한 것이 바로 AI 기반의 '대리 모델(Surrogate

Model)'이다. 대리 모델은 이름 그대로, 복잡하고 시간이 오래 걸리는 물리 시뮬레이션을 '대신'하여 빠르고 정확하게 결과를 예측하는 AI 모델이다. 이는 마치 어려운 수학 문제를 매번 처음부터 푸는 대신, 수많은 문제와 정답을 학습한 뒤 새로운 문제를 보자마자 직관적으로 답을 찾아내는 인공지능과 같다.

대리 모델을 만드는 과정은 다음과 같다. 먼저, 시간과 비용이 들더라도 기존의 고정밀 물리 시뮬레이션을 수백, 수천 번 실행하여 학습 데이터를 만든다. 이때 냉각재의 유량, 제어봉의 위치, 초기 온도 등 시뮬레이션의 '입력 조건'을 다양하게 바꾸어 준다. 그러면 각 입력 조건에 따라 시뮬레이션의 '결과(핵연료 최고 온도, 격납건물 압력 등)'가 달라질 것이다. 이렇게 생성된 수많은 '입력-결과' 쌍이 바로 AI를 학습시키기 위한 교과서가 된다.

그다음, 이 데이터를 인공신경망 등의 AI 모델에 학습시킨다. AI는 이 과정에서 복잡한 물리 방정식을 직접 푸는 대신, 특정 입력 조건이 주어졌을 때 어떤 결과가 나오는지를 데이터 간의 비선형적 관계를 통해 통째로 학습한다. 즉 시뮬레이션의 '규칙' 자체를 터득하는 것이다.

이렇게 한번 학습이 완료된 AI 대리 모델은 놀라울 정도로 빠른 속도를 자랑한다. 새로운 입력 조건을 AI 모델에 넣으면, 복잡한 미분 방정식을 푸는 대신 단순한 행렬 곱셈 연산을 통해 수 초, 혹은 1초도 안 되는 시간에 즉시 예측 결과를 내놓는다. 몇 주가 걸리던 계산을 순식간에 끝내는, 시뮬레이션의 새로운 '지름길'이 만들어지는 것이다.

시뮬레이션 가속화의 실제적 가치와 미래

AI 대리 모델을 통한 시뮬레이션의 가속화는 단순히 계산 시간을 줄이는 것을 넘어, 원자력 공학의 여러 분야에서 질적인 변화를 이끌어 내고 있다.

첫째, 설계 공간 탐색의 패러다임을 바꾼다. 전통적인 방식에서는 엔지니어가 자신의 직관과 경험에 의존해 소수의 유망한 설계안을 선택하고 이를 검증했다. 이는 마치 등산을 할 때 몇 개의 정해진 등산로 중 하나를 선택하는 것과 같다. 하지만 AI 대리 모델을 이용하면, 하루에도 수만 가지의 설계 변형을 시험해 볼 수 있다. 이는 등산로에 의존하지 않고 산 전체를 샅샅이 탐색하여 아무도 몰랐던 최적의 경로를 찾아내는 것과 같다. 이처럼 AI는 '검증'의 도구를 넘어 '탐색과 발견'의 도구로 진화하고 있다. 저자의 기존 연구에서 3차원(3Dimensions) 프린팅과 위상 최적 설계(topology optimization) 분야에 AI를 활용하여 기존보다 훨씬 빠르게 최적의 구조물 설계안을 도출한 연구 사례가 이미 보고된 바 있다. 이는 7장에서 다룰 'AI 과학자'의 개념과도 직접적으로 연결된다.

둘째, 안전성 분석의 깊이가 달라진다. 시뮬레이션이 빨라지면서 훨씬 더 광범위하고 체계적인 안전성 평가가 가능해진다. 수만 가지의 각기 다른 초기 고장 조건과 사고 시나리오를 시뮬레이션하여 잠재적 위험 요소를 샅샅이 분석하는 '확률론적 안전성 평가'의 정확도를 획기적으로 높일 수 있다. 또한 실시간으로 운전 중인 원자로의 현재 상태 데이터를 AI 대리 모델에 입력하여, 앞으로 발생할 수 있는 위험을 미리 예측하고 대비하는 것도 가능해진다.

나아가 AI는 시뮬레이션의 신뢰도를 한 차원 높이는 불확실성 정량화(UQ, Uncertainty Quantification)를 현실적으로 만들어 준다. 이는 시뮬레이션이 '핵연료 온도는 500도가 될 것이다'라는 단 하나의 예측값만 내놓는 것을 넘어, '95퍼센트의 확률로 490도에서 510도 사이에 있을 것'이라는 신뢰도 구간을 함께 제시하는 것이다. 전통적인 방법으로 이런 불확실성을 계산하려면, 미세하게 다른 조건에서 수천, 수만 번의 시뮬레이션을 반복해야 하므로 사실상 불가능했다. 하지만 초고속으로 결과를 예측하는 AI 대리 모델이 있기에 이처럼 방대한 반복 계산이 가능해졌다. 덕분에 공학자들은 가장 가능성 있는 시나리오뿐만 아니라, 발생 확률은 낮지만 치명적인 최악의 시나리오까지 대비하여 원자로를 훨씬 더 견고하게 설계할 수 있다.

최근에는 한 단계 더 진보한 기술들이 주목받고 있다. 기존 대리 모델이 시뮬레이션의 '결과 데이터'만을 학습했다면, '물리 정보 신경망(PINN, Physics-Informed Neural Network)'은 데이터와 함께 질량 보존, 에너지 보존과 같은 물리 법칙 자체를 학습 과정에 직접 반영한다. 신경망이 예측한 결과가 물리 법칙을 위배할 경우 벌칙(penalty)을 부과하는 방식으로 학습을 진행하는 것이다. 그 결과, 훨씬 적은 양의 시뮬레이션 데이터만으로도 물리 법칙에 부합하는 정확한 예측 모델을 만들 수 있다.

여기서 한발 더 나아간 '딥오넷(DeepONet, Deep Operator Network)' 기술도 있다. 물리 정보 신경망이 문제와 답, 그리고 풀이 과정(물리 법칙)을 함께 배우는 학생이라면, 딥오넷은 문제의 유형을 파악해 풀이 공식을 직접 만들어 내는 학생에 비유할 수 있다. 즉 대리 모델이 특정 시스템의 입력과 출력 관계를 배우는 것이라면, 딥오넷은 그 관계를 지배하는 근본적인 수학적 규칙, 즉 '연산자(operator)' 자체를 학습한다. 덕분에 한 번도 보지 못한 새로운 유형의 문제(시뮬레이션 조건)가 주어져도 훨씬 유연하고 정확하게 결과를 예측할 수 있는 잠재력을 지닌다.

결론적으로, 인공지능을 활용한 시뮬레이션 가속화는 전통적인 물리 기반 해석을 대체하는 것이 아니라, 그 한계를 보완하고 확장하는 강력한 도구다. 이는 물리학의 정밀성과 AI의 속도를 결합하여 원자력 기술의 안전성과 경제성을 동시에 끌어올리는 핵심 전략이다. 나아가, 이는 다음 장에서 다룰 현실과 똑같은 가상 원전인 '디지털 트윈'과 스스로 원자로를 운영하는 '지능형 에이전트'를 구현하는 데 없어서는 안 될 기반 기술이 될 것이다.

참고문헌

Lu, L. et al.(2021). Learning nonlinear operators via DeepONet based on the universal approximation theorem of operators, *Nature Machine Intelligence, 3*, pp.218~229

Raissi, M. et al.(2019). Physics-informed neural networks: A deep learning framework for solving forward and inverse problems involving nonlinear partial differential equations. *Journal of Computational Physics, 378*, pp.686~707.

Sun, L. et al.(2020). Surrogate modeling for fluid flows based on physics-constrained deep learning without simulation data. *Computer Methods in Applied Mechanics and Engineering, 361*

Yu, Y. et al.(2019). Deep learning for determining a near-optimal topological design without any iteration. *Structural and Multidisciplinary Optimization, 59*, pp.787~799.

Zhu, Y. & Zabaras, N.(2018). Bayesian deep convolutional encoder-decoder networks for surrogate modeling and uncertainty quantification. *Journal of Computational Physics, 366*, pp.415~447.

05
가상 원전과 AI

조종사들이 실제 비행에 나서기 전, 현실과 똑같은 비행 시뮬레이터에서 수없이 많은 비상 상황을 훈련하는 것처럼, 원자력 발전소 운전원들도 실제와 같은 가상 환경에서 훈련하고 미래를 예측할 수 있다면 어떨까? 이 상상을 현실로 만드는 기술이 바로 '디지털 트윈'이다. AI를 통해 현실 세계의 원자력 발전소를 가상 공간에 완벽하게 복제한 '가상 원전'을 만들고, 이를 활용해 운전을 최적화하고 문제를 예측하며 안전성을 극대화하는 사례와 원리를 설명한다.

AI와 아이돌?

현실을 복제한 거울 세계: 디지털 트윈

디지털 트윈은 단순히 원자력 발전소를 3차원으로 예쁘게 구현한 모델이나 특정 시나리오를 한 번 실행하고 마는 시뮬레이션이 아니다. 디지털 트윈은 물리적 현실에 존재하는 실제 원자력 발전소와 끊임없이 상호작용하며 함께 살아 숨 쉬는 '가상 쌍둥이'다. 이 가상 원전은 크게 세 가지 요소로 구성된다.

첫 번째는 '물리적 자산(Physical Asset)', 즉 현실 세계에 존재하는 실제 원자력 발전소 그 자체다. 두 번째는 이 물리적 자산의 모든 기하학적 정보와 물리적 특성을 정밀하게 모사한 '가상 모델(Virtual Model)'이다. 이 가상 모델은 4장에서 설명한 고정밀 물리 시뮬레이션 기술과 AI 기반 대리 모델 기술을 기반으로 만들어진다.

가장 핵심적인 세 번째 요소는 이 둘을 연결하는 '데이터 링크(Data Link)'다. 실제 원자로의 냉각재 펌프, 터빈, 각종 밸브와 배관 등에 설치된 수천, 수만 개의 센서가 실시간으로 측정한 온도, 압력, 유량, 진동 등의 데이터가 이 데이터 링크를 통해 가상 모델로 끊임없이 전송된다. 이 '데이터의 탯줄' 덕분에 디지털 트윈은 현실 원전의 상태 변화를 거의 실시간으로 반영하며 동기화된다. 현실에서 특정 밸브의 온도가 0.1도 상승하면, 찰나의 순간에 디지털 트윈 속 밸브의 온도도 똑같이 0.1도 상승하는 것이다.

이것이 바로 디지털 트윈이 단순 시뮬레이션과 근본적으로 다른 점이다. 시뮬레이션이 특정 시작점에서 출발하여 '만약 ~라면(what-if)'이라는 가상의 상황을 계산하는 것이라면, 디지털 트윈은 항상 '지금 이 순간(as-is)'의 현실을 그대로 반영하고 있는 살아 있는 복제본이다. 그리고 이 생생한 현재 상태를 기반으로 미래에 대한 '만약 ~라면' 시뮬레이션을 수행할 수 있다는 점에서 그 가치가 극대화된다.

가상 원자로 플랫폼: 디지털 트윈을 위한 생태계

이처럼 강력한 디지털 트윈을 구현하고 활용하기 위해서는 개별 기술을 넘어, 다양한 요소 기술과 데이터를 통합적으로 관리하고 지원하는 거대한 생태계, 즉 '플랫폼'이 필요하다. 이러한 필요성에 따라, 미국, 유럽 등 원자력 기술 선도국들은 '가상 원자로 플랫폼(Virtual Reactor Platform)' 개발에 국가적 역량을 집중하고 있다. 이는 고비용의 실증 실험을 고신뢰도 해석으로 대체하고, 자율 운전 기술을 도입하여 운영 비용을 획기적으로 절감

함으로써, 차세대 소형 모듈 원자로 기술 개발의 병목 현상을 해결하려는 세계적인 흐름이다.

이러한 가상 원자로 플랫폼은 효과적인 디지털 트윈 구축과 활용을 위해 아래와 같은 핵심 기술 그룹을 유기적으로 연계하여 개발된다.

고신뢰도 해석 기술

원자로 내부에서 일어나는 열유체, 중성자, 핵연료 거동 등 복잡한 다중 물리 현상을 매우 정밀하게 모사하는 기술이다. 이는 실제 실험을 대체할 수 있을 정도의 정확성을 목표로 하며, 디지털 트윈의 '물리적 정확성'을 담보하는 심장과 같다.

고속 해석 기술

AI 대리 모델 등을 활용하여, 고신뢰도 해석의 계산 시간을 수백 배에서 수천 배까지 단축하는 기술이다. 이를 통해 디지털 트윈을 실시간에 가깝게 운영하고, 다양한 시나리오를 신속하게 예측할 수 있게 된다.

슈퍼컴퓨팅 응용 기술

고신뢰도 해석과 AI 모델 학습에 필요한 막대한 계산을 수행하기 위한 기술이다. 그래픽 처리 장치(GPU, Graphics Processing Unit) 기반의 최신 슈퍼컴퓨터를 구축하고, 원자력 해석 코드를 이기종 컴퓨팅 환경에 맞게 최적화하는 연구를 포함한다.

통합 플랫폼 기술

연구자들이 웹 브라우저를 통해 어디서든 쉽게 가상원자로의 다양한 기능에 접근하고, 시뮬레이션을 실행하며, 결과를 관리할 수 있도록 하는 소프트웨어 플랫폼 기술이다.

고속 가시화 기술

페타바이트(PB)급의 대용량 시뮬레이션 결과를 사용자가 직관적으로 이해할 수 있도록 3차원 증강 현실(AR)/가상 현실(VR) 환경 등으로 시각화하는 기술이다.

미국 에너지부(DOE, United States Department of Energy)의 제미나(GEMINA) 프로젝트나 아이다호 국립연구소(INL, Idaho National Laboratory)의 무스(MOOSE) 플랫폼이 대표적인 사례이며, 영국 원자력청(UKAEA, United Kingdom Atomic Energy Authority)은

엔비디아 옴니버스(NVIDIA Omniverse)를 활용해 핵융합로 설계를 가속하는 등, 가상 원자로 플랫폼은 전 세계 원자력 연구 개발(R&D, Research and Development)의 핵심 인프라로 자리 잡고 있다. 이처럼 가상 원자로 플랫폼은 단순한 소프트웨어가 아니라, 하드웨어(슈퍼컴퓨터), 고정밀 해석 코드, AI, 사용자 인터페이스가 총망라된 거대한 융합 연구 생태계다. 이러한 플랫폼 위에서 비로소 디지털 트윈은 단순한 개념을 넘어, 실제 원자력 산업의 혁신을 이끄는 강력한 도구로 기능할 수 있다.

AI, 디지털 트윈에 생명을 불어넣다

만약 AI가 없다면, 디지털 트윈은 그저 현실의 데이터를 보기 좋게 시각화해 주는 정교한 대시보드에 머무를 것이다. 디지털 트윈에 진정한 생명력을 불어넣고, 과거를 분석하고 현재를 진단하며 미래를 예측하는 '지능'을 부여하는 것이 바로 AI의 역할이다.

AI는 디지털 트윈의 두뇌처럼 작동하며 이전 장들에서 설명한 기술들을 유기적으로 통합한다. 2장에서 다룬 AI 기반 '이상 징후 탐지' 모델은 디지털 트윈을 통해 흘러 들어오는 실시간 데이터 스트림을 24시간 감시하며, 원전의 '디지털 심장 박동'에서 비정상적인 패턴을 찾아

낸다. 4장에서 설명한 'AI 대리 모델'은 디지털 트윈의 핵심 엔진 역할을 한다. 물리 기반 시뮬레이션이 너무 느려 실시간 예측이 불가능한 반면, AI 대리 모델은 순식간에 계산을 완료하여 다양한 미래 시나리오를 예측하는 것을 가능하게 한다.

이러한 AI와 디지털 트윈의 결합은 강력한 '예측 능력'을 탄생시킨다. 운전원은 이제 더 이상 과거의 경험이나 정적인 매뉴얼에만 의존할 필요가 없다. 예를 들어, 운전원이 "전력 수요 증가에 맞춰 앞으로 두 시간 동안 출력을 10퍼센트 증강하려 하는데, 핵연료와 터빈에 무리를 주지 않는 가장 안정적인 방법은 무엇인가?"라고 질문하면, AI는 이 명령을 해석하여 디지털 트윈 속에서 수백 가지의 출력 증강 시나리오를 순식간에 시뮬레이션한다. 그리고 그 결과를 바탕으로 가장 안전하고 효율적인 운전 전략을 운전원에게 추천해 준다. 이 모든 과정은 현실의 원전에 아무런 영향을 주지 않는 가상 세계에서 안전하게 이루어진다.

문제 예측과 선제적 유지 보수 능력은 더욱 강력해진다. AI는 디지털 트윈의 현재 상태를 기반으로 '시간을 빨리 감는' 시뮬레이션을 수행할 수 있다. 예를 들어, 앞으로 3개월간의 운전 상황을 단 몇 분 만에 시뮬레이션해 보고, 그 과정에서 축적되는 데이터 패턴을 분석한다. 이를 통해 "현재 B냉각재 펌프의 진동 패턴을 고려할 때, 50일 이내에 고장 날 확률이 92퍼센트입니다. 다음 계획 예방 정비 기간에 맞춰 교체하는 것을 권장합니다"와 같은 구체적인 예측 정보를 제공할 수 있다. 이는 2장에서 설명한 예측 정비를 한 차원 높은 수준으로 구현하는 것으로, 단순한 부품 고장을 넘어 시스템 전체의 건전성을 종합적으로 예측하고 관리하는 것을 가능하게 한다.

가상 원전의 활용: 훈련, 최적화, 그리고 미래

AI 기반의 디지털 트윈, 즉 '가상 원전'은 원자력 산업의 다양한 분야에서 실질적인 가치를 창출하고 있다.

가장 대표적인 분야는 '운전원 훈련'이다. 신입 운전원들은 더 이상 교과서나 단순한 모의 조작반에서 훈련하지 않는다. 대신 현실과 100퍼센트 동일한 가상 원전의 주제어실에 앉아 훈련을 받는다. 이들은 가상 원전 안에서 실제 원전에서는 절대 경험할 수 없는 다양한 비상 상황, 예를 들어 냉각재 상실 사고(LOCA, loss of coolant accident), 증기 발생기 세관 파단, 혹은 외부 전력망 상실과 같은 극한의 시나리오를 직접 마주하고 대응 절차를 익힌다. 모든 훈련 과정은 기록되고 분석되어, 운전원의 강점과 약점을 파악하고 맞춤형 교육을 제공하는 데 활용된다. 이는 단 한 방울의 방사능 누출 위험 없이 가장 효과적으로 운전원의 위기 대응 능력을 끌어올리는 혁신적인 방식이다.

'유지 보수 및 설비 개선' 분야에서도 가상 원전은 핵심적인 역할을 할 것으로 기대된다. 정비팀은 복잡하고 위험한 수리 작업을 수행하기 전에, 디지털 트윈을 이용해 전체 과정을 수차례 예행연습할 수 있다. 이를 통해 작업 중 발생할 수 있는 잠재적 위험 요소를 미리 파악하고, 가장 효율적인 작업 동선과 절차를 수립하며, 필요한 공구와 자재를 정확히 준비할 수 있다. 이는 실제 작업 시간을 단축하고 작업자의 방사선 피폭을 최소화하며, 인간의 실수를 줄이는 데 결정적인 기여를 한다.

하지만 이러한 활용은 디지털 트윈이 가진 잠재력의 시작에 불과하다. 디지털 트윈의 가장 중요하고 궁극적인 역할은 바로 미래 자율 운전 AI의 지능을 탄생시키는 훈련장이 되는 것이다. 9장에서 본격적으로 다룰 '지능형 에이전트'는 바로 이 디지털 트윈 안에서 태어나고 성장한다.

영화 〈어벤져스〉에서 주인공이 다양한 미래를 미리 보고 승리하기 위한 하나의 선택을 하는 장면을 연상해 보자. 이는 영화의 한 장면이지만 가상 원전은 근본적으로 이 영화의 장면과 동일한 역할을 수행한다. AI 대리 모델을 통해 가속화된 디지털 트윈 안에서 수백만 번의 가상 시뮬레이션을 통해 인간이 겪어 보지 못한 미지의 상황까지 스스로 학습하고 마스터한다. 즉 인간의 모든 지식을 내려받은 뒤, 그 지식을 바탕으로 자신만의 경험까지 쌓아 인간의 능력을 뛰어넘는 완전한 전문가로 거듭나는 것이다.

가상 원전은 단순히 현실을 비추는 거울이 아니다. 그것은 2장부터 4장까지 설명한 모든 'AI 도구'들이 통합되고 시험받는 궁극의 플랫폼이자, 자율 운전이라는 새로운 지능이 완성되고 무한히 확장되는 '가상 현실 훈련소'다. 이 가상 세계의 존재야말로 더 안전하고 신뢰할 수 있는 미래 원자력 시대를 여는 핵심 동력이 될 것이다.

참고문헌

Building a Fusion Reactor Digital Twin in NVIDIA Omniverse. NVIDIA On-Demand. https://www.nvidia.com/en-us/on-demand/session/isc2022-do7/

Madni, A. M. et al.(2019). Leveraging digital twin technology in *model-based systems engineering. Systems, 7*(1), p.7.

Stewart, R. H. et al.(2022). Modeling for a Digital Twin-Based Remote Operation System Framework. Idaho National Laboratory.

Sutton, R. S. & Barto, A. G.(2018). *Reinforcement Learning: An Introduction.* MIT press.

Siemens Digital Industries Software.(2023). The birth of the nuclear digital twin [White paper]. Siemens. https://resources.sw.siemens.com/en-US/white-paper-nuclear-digital-twin

Uhlemann, T. H. J. et al.(2017). A tutorial on digital twins. Part I: An introduction to digital twins. 50th Hawaii International Conference on System Sciences

Yu, Y. et al.(2025). Toward Intelligent Mechanical Systems: Control and Decision-Making with Large Language Models. *JMST Advances,* pp.1~7.

06

원자력 분야를 위한 거대 언어 모델

거대 언어 모델이 어떻게 이 정보의 바다를 항해하는 새로운 네비게이터가 되는지, 그리고 범용 모델을 넘어 원자력 분야에 특화된 전문가 언어 모델이 기술 문서 분석과 정보 추출, 보고서 작성을 자동화하여 안전과 효율을 극대화하는 과정을 설명한다.

AI와 야구?

원자력 지식 관리의 어려움

원자력 산업은 인류가 만들어 낸 가장 정교하고 복잡한 기술의 집약체이지만, 동시에 가장 문서 중심적인 산업이기도 하다. 원자로의 설계부터 운영, 정비, 해체에 이르기까지 모든 과정은 수만, 수십만 페이지에 달하는 기술 보고서, 운전 절차서, 안전 분석 보고서, 규제 지침서에 의해 규정되고 기록된다. 이 방대한 '정보의 바다' 속에서 필요한 지식을 적시에 찾아내고 올바르게 활용하는 것은 전문가들에게조차 엄청난 부담이다.

원자력 발전소에서 예상치 못한 경보가 발생했다고 가정해 보자. 운전원은 해당 경보의 원인을 파악하고, 수백 권에 달하는 운전 절차서 더미 속에서 현재 상황에 맞는 정확한 대응 절차를 찾아내야 한다. 엔지니어가 특정 부품을 교체하려 할 때, 그는 해당 부품의 기술 사양, 과거 정비 이력, 관련 안전 규정을 각기 다른 시스템과 문서철에서 일일이 확인해야 한다. 이 과정은 엄청난 시간을 소모할 뿐만 아니라, 긴급한 상황에서는 치명적인 인적 오류(human error)를 유발할 수 있는 잠재적 위험 요인이다.

이러한 어려움은 크게 세 가지 문제에서 비롯된다. 첫째, 정보의 양이 인간이 감당할 수 있는 수준을 넘어섰다. 기술 문서는 계속해서 개정되고, 운전 데이터는 매일같이 쌓인다. 이 모든 정보를 한 개인이 완벽하게 숙지하고 관리하는 것은 불가능하다. 둘째, 지식의 형태가 비정형적이다. 대부분의 중요한 정보는 구조화된 데이터베이스가 아닌, 자연어로 서술된 피디에프(PDF) 문서나 보고서 형태로 존재한다. 단순한 키워드 검색만으로는 문서의 깊은 맥락 속에 숨겨진 핵심 정보를 찾아내기 어렵다.

셋째, 가장 심각한 문제는 '암묵지(tacit knowledge)'의 소실이다. 수십 년간 현장을 지켜 온 베테랑 운전원과 엔지니어들의 머릿속에 축적된 경험과 노하우는 문서로 기록되지 않은 귀중한 자산이다. 하지만 원자력 산업의 인력 고령화가 심화되고 이들이 은퇴하면서, 수십 년간 축적된 암묵지가 함께 사라질 심각한 위기에 처해 있다. 이는 곧 원자력 산업 전체의 지식 자산 손실과 안전 관리 능력의 약화로 이어진다. 방대한 문서와 소실될 위기에 처한 전문가의 지식을 효과적으로 디지털 자산화하고, 필요할 때 즉시 활용할 수 있는 새로운 지식 관리 패러다임이 절실한 이유다.

거대 언어 모델의 등장과 패러다임의 전환

이러한 지식 관리의 난제를 해결할 열쇠로 등장한 것이 바로 거대 언어 모델이다. 거대 언어 모델의 등장은 AI 역사에서 하나의 패러다임 전환으로 평가받는다. 이를 이해하기 위해서는 먼저 거대 언어 모델이 기존의 전통적인 데이터 기반 머신러닝과 어떻게 다른지를 명확히 할 필요가 있다.

전통적인 머신러닝과 딥러닝 모델은 특정 목적을 위해 훈련된 '전문가'와 같다. 예를 들어, 2장에서 소개된 예측 정비 모델은 진동이나 온도와 같은 특정 수치 데이터를 입력받아 고장 확률이라는 특정 결과를 출력하도록 훈련된다. 이미지 속에서 균열을 찾아내는 모델 역시 균열 이미지 데이터에 특화되어 있다. 이러한 모델들은 주어진 임무는 매우 잘 수행하지만, 학습된 영역을 벗어난 다른 종류의 문제는 해결할 수 없다. 즉 각기 다른 문제를 풀기 위해서는 매번 새로운 모델을 처음부터 개발하고 학습시켜야 하는 한계가 있었다.

하지만 2017년 구글에서 발표된 '트랜스포머(Transformer)' 구조와 자기 지도 학습 (Self-Supervised Learning) 방법론의 발전으로 AI 기술은 크게 발전하였다. 트랜스포머는 문장의 순차적인 정보뿐만 아니라 단어와 단어 사이의 복잡한 문맥 관계를 효과적으로 학습할 수 있었고, 이는 구글의 버트(BERT), 그리고 오픈에이아이(OpenAI)의 지피티(GPT) 시리즈와 같은 강력한 언어 모델 탄생의 기반이 되었다. 특히 지피티 시리즈는 인터넷상의 방대한 텍스트 데이터를 통해 '정답 없이' 언어 자체의 보편적인 구조와 지식을 미리 학습하는 '사전 학습(pre-training)'이라는 개념을 도입했다.

이것이 바로 전통적인 머신러닝과의 근본적인 차이점이다. 거대 언어 모델은 특정 문제 하나를 풀기 위해 훈련된 '전문가'가 아니라, 세상의 거의 모든 텍스트를 읽고 언어와 지식의 보편적인 원리를 터득한 '만능 인재'에 가깝다. 이렇게 탄생한 범용적인 기초 모델(Foundation Model)은 그 자체로도 강력하지만, 진짜 위력은 '적응성(adaptability)'과 '전이성(transferability)'에서 나온다. 잘 훈련된 거대 언어 모델은 비교적 적은 양의 특정 분야 데이터만으로 추가 학습, 즉 '미세 조정(fine-tuning)'을 거치면 해당 분야의 전문가로 빠르게 변신할 수 있다. 매번 새로운 AI를 처음부터 만들 필요 없이, 이미 똑똑한 AI에게 새로운 전문 분야를 가르치기만 하면 되는 것이다.

또한 거대 언어 모델은 기존 머신러닝 모델이 주로 다

루던 정형화된 수치 데이터가 아닌, 인간의 언어로 쓰인 보고서, 매뉴얼, 규제 문서 등 비정형 텍스트 데이터를 직접 이해하고 추론할 수 있다. 원자력 산업의 지식 대부분이 바로 이 비정형 텍스트 형태로 존재한다는 점을 고려할 때, 거대 언어 모델의 등장은 원자력 지식 관리 분야에 혁명적인 변화를 예고한다.

지능형 검색과 보고서 자동화

거대 언어 모델은 이러한 고유한 능력을 바탕으로 원자력 분야의 복잡한 문서들을 '읽고, 이해하고, 요약하고, 답변하는' 지능형 전문가의 역할을 수행할 수 있다.

가장 즉각적이고 강력한 활용 분야는 '지능형 검색 및 질의응답'이다. 기존의 검색 시스템이 키워드가 포함된 문서를 찾아 주는 수준에 머물렀다면, 거대 언어 모델 기반 시스템은 사용자의 질문 의도를 정확히 파악하여 문서의 맥락을 이해하고 직접적인 답변을 제공한다. 예를 들어, 엔지니어는 "4번 운전모드에서 잔열 제거 펌프의 감시 시험 요건과 주기는 어떻게 되는가?"와 같이 자연어로 질문할 수 있다. 그러면 거대 언어 모델은 수천 페이지에 달하는 운영 기술 지침서와 관련 규제 문서를 순식간에 분석하여 "운영 기술 지침서 3.4.7항에 따라, 잔열 제거 펌프는 31일 주기로 유량과 차압을 확인하여 가동성을 확인해야 합니다"와 같이 핵심적인 답변을 출처와 함께 제시해 준다. 이는 마치 모든 기술 문서를 완벽하게 암기하고 있는 24시간 대기 중인 전문가와 대화하는 것과 같다.

'문서 요약 및 분석' 능력 또한 뛰어나다. 수백 페이지에 달하는 사고 분석 보고서나 최신 연구 논문을 거대 언어 모델에 입력하면, 단 몇 분 만에 핵심적인 내용, 결론, 시사점 등을 담은 한 페이지 요약문을 생성해 준다. 관리자와 연구원들은 이를 통해 방대한 정보를 소화하는 데 드는 시간을 획기적으로 줄이고, 더 중요한 의사 결정과 연구 활동에 집중할 수 있다.

나아가 '보고서 작성 자동화'도 가능하다. 발전소의 일일 운전 데이터와 주요 사건 기록을 거대 언어 모델에 제공하면, 정해진 양식에 맞춰 '일일 운전 현황 보고서'의 초안을 자동으로 작성해 준다. 이를 통해 엔지니어들은 반복적인 문서 작업의 부담에서 벗어나, 현장의 설비를 점검하고 개선하는 본연의 업무에 더 많은 시간을 할애할 수 있게 된다.

원자력 특화 언어모델

챗지피티와 같은 범용 거대 언어 모델은 놀라운 성능을 보여 주지만, 원자력과 같이 고도의 전문성과 정확성이 요구되는 분야에 그대로 적용하기에는 한계가 있다. 범용 거대 언어 모델은 인터넷의 일반적인 정보를 학습했기 때문에 원자력 공학의 미세하고 전문적인 용어나 개념을 정확히 이해하지 못하거나, 때로는 존재하지 않는 사실을 그럴듯하게 꾸며 내는 '환각(Hallucination)' 현상을 일으킬 수 있다. 안전이 무엇보다 중요한 원자력 분야에서 이러한 오류는 결코 용납될 수 없다.

이 문제의 해결책은 바로 '원자력 분야 특화 언어 모델'을 개발하는 것이다. 이는 범용 거대 언어 모델을 기반으로 하되, 원자력 기술 보고서, 안전 규정, 연구 논문, 운전 절차서 등 원자력 분야의 고품질 문서를 집중적으로 추가 학습시키는 '미세 조정(fine-tuning)' 과정을 통해 이루어진다. 마치 신입사원에게 직무 교육(OJT, On-the-Job Training)을 시키듯, AI에게 원자력 분야의 전문 지식을 집중적으로 가르쳐 해당 분야의 '전문가'로 만드는 것이다.

여기에 더해, 답변의 신뢰도를 극대화하기 위해 '검색 증강 생성(RAG, Retrieval-Augmented Generation)' 기술이 결합된다. 이 기술은 거대 언어 모델이 질문에 답하기 전에, 먼저 신뢰할 수 있는 최신 원자력 기술 문서 데이터베이스를 검색하여 질문과 가장 관련성이 높은 내용을 찾아낸다. 그리고 이 검색된 내용을 '참고 자료'로 활용하여 답변을 생성한다. 이는 AI가 자신의 부정확할 수 있는 기억에만 의존하는 것이 아니라, 검증된 교과서를 펼쳐 보고 답하는 것과 같아서 환각 현상을 획기적으로 줄이고 답변의 사실적 근거를 명확히 할 수 있다.

이러한 접근법의 대표적인 성공 사례가 바로 한국원자력연구원에서 개발한 '아토믹지피티(AtomicGPT)'이다. 아토믹지피티는 방대한 원자력 전문 문서를 학습한 특화 언어 모델로, 80억 개와 700억 개의 파라미터를 가진 두 가지 버전으로 개발되었으며, 자체 성능 평가 기준에서 메타의 라마3.1(Llama 3.1) 등 상용 모델보다 5~24퍼센트 높은 정확도를 보였다. 원자력연구원은 아토믹지피티를 통하여 보안 우려 없이 자체적으로 거대 언어 모델을 서비스하고 있으며 연구원의 사용 기록과 내부 보고서를 학습하여 지속적으로 기능을 발전시킬 예정이다. 또한 9장에서 설명할 AI 운전원에 적용하기 위하여 신뢰성을 강화하는 연구가 진행 중이다.

결론적으로, 원자력 특화 거대 언어 모델은 방대하게

흩어져 있던 문서 기반의 지식들을 살아 있는 디지털 자산으로 전환하는 핵심 기술이다. 이를 통해 원자력 전문가들은 정보의 홍수에서 벗어나 지식의 본질에 더 깊이 다가갈 수 있게 되며, 이는 곧 운영 효율성과 안전성의 향상으로 이어진다. 이렇게 구축된 지능형 지식 기반은 앞으로 다룰 자율 운전을 위한 지능형 에이전트의 개발에 필수적인 토대가 될 것이다.

참고문헌

한국원자력연구원 (2024. 12. 11) 원자력 특화 거대 언어 모델 'AtomicGPT' 공개, https://www.kaeri.re.kr/eng/board/view?menuId=MENU00326&linkId=12263

Brown, T. et al.(2020). Language Models are Few-Shot Learners. Advances in Neural Information Processing Systems(NeurIPS).

Lewis, P. et al.(2020). Retrieval-augmented generation for knowledge-intensive NLP tasks. Advances in *Neural Information Processing Systems, 33*, pp.9459~9474.

OpenAI.(2023). GPT-4 Technical Report. arXiv preprint arXiv:2303.08774.

Ouyang, L. et al.(2022). Training language models to follow instructions with human feedback. *Advances in neural information processing systems, 35*, pp.27730~27744.

07
AI를 활용한 원자력 연구 개발과 규제 혁신

새로운 원자력 발전소를 짓기 위해 넘어야 하는 가장 높고 험준한 산은 바로 '인허가' 과정이다. 원자력의 안전을 보장하기 위한 이 과정은 필연적으로 복잡하고 보수적일 수밖에 없다. 수십만 페이지에 달하는 기술 문서와 안전 보고서를 제출하고, 규제 기관은 또 그만큼 방대한 규제 요건과 일일이 대조하며 심사한다. 이 과정은 수년, 때로는 십수 년이 걸리며 막대한 비용을 발생시켜, 특히 혁신적인 기술을 도입하려는 차세대 원자로 개발에 큰 장벽이 되고 있다.

AI와 윤동주?

연구 개발의 패러다임 변화

전통적인 원자력 연구 개발(R&D)은 연구자의 직관과 경험에 크게 의존했다. 연구자는 방대한 양의 기존 논문과 기술 보고서를 수작업으로 검토하여 연구 아이디어를 얻고, 이를 검증하기 위해 복잡한 시뮬레이션 코드를 작성하고 오랜 시간 계산을 수행한 뒤, 그 결과를 다시 정리하여 보고서를 작성하는 지난한 과정을 반복해야 했다. 이 과정은 시간과 비용이 많이 들 뿐만 아니라, 인간 연구자가 검토할 수 있는 정보의 양과 탐색할 수 있는 설계 공간의 범위에 명백한 한계가 있었다.

최근 구글, 사카나AI 등에서 발표한 '연구 보조 에이전트(Research Assistant Agent)'는 이러한 한계를 극복하고 원자력 연구 개발의 전 과정을 가속화하는 혁신적인 해법을 제시한다. 이는 AI가 연구원의 지능적인 조수 역할을 수행하며, 연구의 각 단계를 자동화하고 효율을 극대화하는 시스템이다.

문헌 조사 및 연구 주제 선정 자동화

연구의 첫 단계는 방대한 선행 연구를 조사하여 기술의 공백이나 새로운 아이디어를 찾아내는 것이다. 거대 언어 모델 기반의 연구 보조 에이전트는 수만 건의 연구 논문, 특허, 기술 보고서를 단 몇 분 만에 분석할 수 있다. 단순히 키워드 검색을 넘어, 문서의 핵심 내용을 이해하고, 토픽 모델링 기법을 통해 주요 연구 동향을 파악하며, 아직 해결되지 않은 기술적 난제나 새로운 융합 연구 분야를 연구자에게 제안한다. 이는 인간 연구자가 미처 생각하지 못했던 창의적인 연구 방향을 제시하여 혁신의 출발점을 앞당긴다.

실험 설계 및 시뮬레이션 자동화

연구 주제가 정해지면, 에이전트는 실험 계획을 수립하고 시뮬레이션 코드를 자동으로 생성한다. 예를 들어, 특정 원자로의 안전성을 검증해야 할 때, 에이전트는 몬테카를로 N-입자 코드(MCNP, Monte Carlo N-Particle)나 원자로 열수력 분석 코드5(RELAP5, Reactor Excursion and Leak Analysis Program)와 같은 전문 시뮬레이션 코드의 입력 파일을 자동으로 작성하고, 수천 가지의 다른 조건에 대한 시뮬레이션을 병렬로 실행하여 방대한 데이터를 수집한다. 또한 생성된 코드에 오류가 없는지 스스로 디버깅하고, 관련 안전 규격(예: IEC 61508)을 준수하는지 검증하는 역할까지 수행한다.

AI 기반 설계 및 운전 최적화

연구 보조 에이전트는 AI 최적화 라이브러리를 활용하여 원자로의 설계나 운전 조건을 자동으로 최적화한다. 4장에서 설명한 AI 대리 모델을 이용해 수만 개의 설계 변수를 탐색하며 가장 효율적인 노심 구조나 안전 계통 설계를 찾아내고, 실시간 운전 데이터를 디지털 트윈에 연동하여 발전 효율을 극대화하는 최적의 운전 매개 변수를 도출한다.

연구 보고서 작성 자동화

연구가 완료되면, 에이전트는 시뮬레이션 결과, 안전 검증 데이터, 규제 준수 정보 등을 통합하여 연구 보고서의 초안을 자동으로 작성한다. 라텍(LaTeX)과 같은 문서 양식에 맞춰 표와 그래프를 자동으로 생성하고, 인용 문헌 목록까지 정리해 준다. 이를 통해 연구자는 반복적인 문서 작업에서 해방되어, 결과 분석과 다음 연구 기획이라는 더 창의적인 활동에 집중할 수 있다.

이러한 연구 보조 에이전트의 궁극적인 발전 형태는 연구 전 주기를 스스로 수행하는 'AI 과학자(The AI Scientist)'다. 실제로 일본의 스타트업 사카나AI(Sakana.ai)는 연구 아이디어 생성부터 실험, 논문 작성 및 동료 심사(peer review)까지 자동화하는 시스템을 선보여 큰 주목을 받았다. 또한 구글 딥마인드는 AI를 인간 과학자와 협력하는 '공동 과학자(co-scientist)'로 활용하여, 새로운 배터리 소재를 발견하거나 수학적 난제를 해결하는 등 이미 다양한 과학 분야에서 혁신적인 성과를 창출하고 있다. 반면, 현재까지 개발된 'AI 과학자'는 독창적인 과학적 가설을 설정하거나 복잡한 실제 실험을 설계하는 데 명확한 한계를 보여 '완전한 연구 자동화'로 보기에는 시기상조라는 비판적 시각도 존재한다. 그럼에도 불구하고 이러한 사례들은 AI가 단순히 연구를 보조하는 도구를 넘어, 지식 발견의 주체로서 인간과 협력하거나 독립적으로 연구를 수행하는 시대가 다가오고 있음을 명백히 보여 준다.

규제의 벽, AI로 넘어서다

AI를 통해 혁신적인 차세대 원자로 설계가 완성되었다 하더라도, 넘어야 할 가장 큰 산인 '인허가'가 남아 있다. 원자력 인허가는 최종 안전성 분석 보고서(FSAR, Final Safety Analysis Report)와 같은 방대한 기술 문서를 규제 기관이 심사하여, 해당 원전이 모든 안전 요건을 만족

하는지를 확인하는 과정이다. 이 과정은 전적으로 인간의 수작업에 의존하기에 엄청나게 비효율적이며, 심사 과정에서 '추가 정보 요구(RAI, Request for Additional Information)'가 반복되면서 전체 기간이 기약 없이 늘어나는 경우가 다반사다.

거대 언어 모델 기술은 바로 이 복잡한 규제 문서를 해독하고 인허가 프로세스를 혁신하는 강력한 도구가 될 수 있다. 가장 대표적인 활용 사례는 '규제 준수 자동 검증(Automated Compliance Checking)'이다. 원자력 관련 법규, 기술 기준, 규제 지침 등 모든 규제 문서를 학습한 AI 시스템에 새로운 설계 보고서를 입력하면, AI는 즉시 해당 문서의 내용과 관련된 모든 규제 조항을 자동으로 찾아내어 비교 분석한다. 그리고 잠재적인 불일치 항목을 근거 조항과 함께 제시해 준다. 이를 통해 사업자는 규제 기관에 서류를 제출하기 전에 스스로 문제점을 파악하고 수정할 수 있어, 심사 과정에서의 추가 정보 요구 발생을 획기적으로 줄이고 전체 인허가 기간을 단축할 수 있다. 실제로 마이크로소프트(Microsoft)는 테라프락시스(TerraPraxis)와 협력하여 소형 모듈 원자로의 인허가 신청서 작성을 돕는 지피티 기반 모델을 개발하는 프로젝트를 진행한 바 있다.

'의미 기반 검색 및 규제 질의응답' 역시 강력한 기능이다. 법무팀이나 인허가 담당자는 "디지털 계측 제어 시스템의 사이버 보안과 관련하여, 우리가 준수해야 할 모든 국내외 규제 조항은 무엇인가?"와 같이 자연어로 질문할 수 있다. AI는 서로 다른 문서에 흩어져 있는 관련 조항들을 즉시 종합하여 체계적으로 정리해 준다. 또한, 과거 수십 년간의 인허가 심사 기록, 공청회 회의록, 판례 등을 분석하여 특정 규제 조항에 대해 규제 기관이 과거에 어떻게 해석해 왔는지 그 패턴을 파악하고, 잠재적인 쟁점을 예측하여 대응 논리를 개발하는 데 도움을 줄 수도 있다.

AI 시대의 규제: 신뢰성, 투명성, 그리고 법적 과제

AI가 원자로 연구 개발과 인허가 과정을 돕는 강력한 도구가 될 수 있는 반면, 원자로의 안전에 직접적으로 관여하는 AI 시스템 자체를 어떻게 인허가하고 규제할 것인가는 완전히 새로운 차원의 도전 과제다.

첫 번째 과제는 'AI 시스템의 검증 및 확인(V&V, Verification & Validation)' 문제다. 기존의 소프트웨어는 결정론적으로 작동하여 검증이 비교적 용이했지만,

딥러닝과 같은 AI 모델은 확률적으로 작동하며 그 의사결정 과정이 '블랙박스(black box)'와 같은 특성을 가진다. 규제 기관 입장에서, 왜 그런 결정을 내렸는지 100퍼센트 설명할 수 없는 AI 안전 시스템의 운전을 과연 허가할 수 있을까?

이 문제를 해결하기 위해 원자력과 유사하게 안전이 최우선인 타 산업의 사례를 참고할 수 있다.

미국 연방 항공청(FAA, Federal Aviation Administration)은 AI를 정적인 '학습된 AI(Learned AI)'와 지속적으로 학습하는 '학습하는 AI(Learning AI)'로 구분하여 위험도를 차등 관리 하고, 저위험 분야부터 점진적으로 도입하는 접근법을 취하고 있다. 이는 원자력 분야에서도 AI를 단계적으로 안전하게 도입하는 현실적인 청사진을 제시한다.

미국 식품의약국(FDA, Food and Drug Administration)은 AI 의료 기기가 실제 데이터를 통해 업데이트될 때마다 매번 허가를 다시 받는 비효율을 막기 위해 '사전 결정된 변경 제어 계획(PCCP, Predetermined Change Control Plan)'이라는 제도를 도입했다. 이는 제조사가 허가 신청 시, AI 모델을 '어떤 방향으로, 어떤 절차를 통해, 어떤 안전 한계 내에서' 변경할 것인지를 담은 계획서를 미리 제출하고 승인받는 방식이다. 이는 '블랙박스'의 불확실성을 통제 가능한 범위 내에서 관리하는 매우 중요한 개념으로, 원자력 분야의 자율 운전 에이전트 규제에 직접적으로 적용 가능한 아이디어를 제공한다.

이처럼 AI의 예측을 신뢰할 수 있는지, AI의 판단 근거는 무엇인지 설명하는 설명 가능 AI(XAI, eXplainable Artificial Intelligence) 기술과 AI가 안전하게 작동할 수 있는 특정 조건과 환경의 범위, 즉 '운영 설계 도메인(ODD, Operational Design Domain)'을 명확히 정의하고, 이를 벗어날 경우 안전하게 정지하는 방법론 등 AI에 특화된 새로운 검증 및 타당성 확인(V&V, Verification and Validation) 방법론 개발이 시급하다.

두 번째 과제는 국가별 규제 장벽을 넘어 '국제적 조화'를 이루는 것이다. 소형 모듈 원자로과 같은 차세대 원자로는 여러 국가에 수출될 가능성이 높다. 이때 국가마다 AI 규제 기준이 다르다면, 이는 기술의 국제적 확산에 심각한 무역 장벽으로 작용할 것이다.

이를 위해 국제원자력기구(IAEA, International Atomic Energy Agency), 경제협력개발기구 원자력기구(OECD/NEA, Organization for Economic Co-operation and Development Nuclear Energy Agency) 등 국제 기

구를 중심으로 AI의 안전한 활용을 위한 공동의 기술 표준과 규제 원칙을 마련하는 노력이 활발히 진행되고 있다. 특히 영국 원자력규제청(ONR, Office for Nuclear Regulation)을 시작으로 여러 국가에서 도입하고 있는 '규제 샌드박스(Regulatory Sandbox)'는 매우 중요한 접근법이다. 규제 샌드박스는 실제와 유사한 통제된 환경에서 규제 기관과 산업계가 협력하여 새로운 AI 기술을 시험하고, 잠재적 위험과 규제 방안을 함께 모색하는 제도다. 2025년 경제협력개발기구 원자력기구는 소형 모듈 원자로 개발 및 배포를 촉진하기 위해 '리그랩(RegLab)'이라는 국제적인 규제 샌드박스 이니셔티브를 출범해, AI 기술의 안전하고 효율적인 적용을 위한 국제 공조를 이끌고 있다.

마지막 과제는 '법적 · 윤리적 책임 소재'의 문제다. 만약 AI 기반의 자율 운전 시스템이 오작동하여 사고가 발생했다면, 그 책임은 누구에게 있을까? AI를 운영한 발전사, 알고리즘을 개발한 개발사, 혹은 AI 학습에 사용된 데이터를 제공한 기관 중 누구의 책임인가? 따라서 AI가 고도의 자율성을 갖더라도 최종적인 결정과 책임은 인간이 지는 '인간 중심(Human-in-the-loop)' 감독 체계를 법제화하고, 책임의 소재와 범위를 명확히 하는 사회적 합의와 법률적 프레임워크 구축이 필수적이다.

결론적으로, AI는 복잡한 원자력 연구 개발과 인허가 과정의 효율을 높이는 혁신적인 해결책인 동시에, 그 자체로 새로운 규제의 대상이 되는 양면성을 지닌다. 미래 원자력의 성공은 이 두 가지 측면의 시너지에 달려 있다. 즉 AI를 활용하여 원자로 기술 개발과 규제 프로세스를 합리화하는 동시에, AI 시스템 자체를 신뢰하고 검증할 수 있는 투명하고 견고한 규제 체계를 만들어 나가야 한다. 이를 위해서는 기술 전문가, 규제 기관, 법률 전문가가 머리를 맞대고 신뢰의 프레임워크를 함께 구축해 나가는 노력이 무엇보다 중요하다.

참고문헌

International Atomic Energy Agency (IAEA).(2023). Artificial Intelligence in Nuclear Safety and Security: A Primer. IAEA.

Kaminski, M. E. & Malgieri, G.(2021). Algorithmic impact assessments under the GDPR: Producing multi-layered explanations. *International Data Privacy Law, 11*(2), pp.125~145.

Lloyd's Register.(2025, Mar. 5). Lloyd's Register to use generative AI to advance the application of nuclear technology in maritime in collaboration with Microsoft.

Lu, C. & Clune, J.(2025). The AI Scientist-v2: Workshop-Level Automated Scientific Discovery via Agentic Tree Search.

Sakana AI.
https://pub.sakana.ai/ai-scientist-v2/paper/paper.pdf
Merchant, A. et al.(2023). An autonomous laboratory for the accelerated synthesis of novel materials. *Nature, 624*(7990), pp.80~85.
Microsoft.(2023, Mar. 29). TerraPraxis and Microsoft partner to accelerate decarbonization with cutting-edge AI. Microsoft News Centre UK.
https://news.microsoft.com/en-gb/2023/03/29/terrapraxis-and-microsoft-partner-to-accelerate-decarbonization-with-cutting-edge-ai/
OECD Nuclear Energy Agency.(2025, Feb. 12). Regulating AI use during SMR deployment. OECD-NEA.
https://www.oecd-nea.org/jcms/pl_101324/regulating-ai-use-during-smr-deployment
Office for Nuclear Regulation.(2023, Nov. 8). Outcomes of nuclear AI regulatory sandbox pilot published. GOV.UK.
https://www.onr.org.uk/news/all-news/2023/11/outcomes-of-nuclear-ai-regulatory-sandbox-pilot-published/
The White House.(2023). Executive Order on the Safe, Secure, and Trustworthy Development and Use of AI.
U.S. Federal Aviation Administration.(2024, Jul.). FAA Roadmap on Artificial Intelligence Safety Assurance.
https://www.faa.gov/media/82891
U.S. Food and Drug Administration.(2023, Apr.). Marketing Submission Recommendations for a Predetermined Change Control Plan for Artificial Intelligence/Machine Learning (AI/ML)-Enabled Device Software Functions[Draft Guidance]. FDA.

https://www.fda.gov/regulatory-information/search-fda-guidance-documents/marketing-submission-recommendations-predetermined-change-control-plan-artificial-intelligencemachine

U.S. Nuclear Regulatory Commission.(n.d.). 10 CFR Part 50, Domestic Licensing of Production and Utilization Facilities.

08
원자로 운영을 위한 문서 관리와 AI

정보의 가치는 필요할 때 얼마나 빠르고 정확하게 접근할 수 있느냐에 따라 결정된다. 아무리 중요한 정보라도 위기의 순간에 찾아낼 수 없다면 무용지물이다. 원자력 시설의 방대한 문서들을 기존의 수동적인 방식에서 벗어나, AI를 활용하여 살아 있는 지식 체계로 바꾸는 문서 관리 및 정보 검색, 요약 시스템의 혁신을 알기 쉽게 소개한다.

AI와 한의학?

기존 문서 관리의 비효율성

원자력 산업은 그 어떤 산업보다도 문서에 대한 의존도가 높다. 운전 절차서, 정비 기록, 안전 분석 보고서, 기술 지침, 규제 요건 등 모든 정보가 텍스트 기반의 문서 형태로 존재한다. 하지만 이 귀중한 지식 자산은 대부분 활용되지 못한 채 '정보의 감옥'에 갇혀 있는 것이 현실이다.

가장 큰 문제는 정보가 물리적, 디지털적으로 분산된 '사일로(silo)'에 갇혀 있다는 점이다. 어떤 문서는 책장의 바인더에, 어떤 문서는 개인 컴퓨터의 폴더에, 또 다른 문서는 낡은 데이터베이스 시스템에 흩어져 있다. 이 모든 정보를 한 번에 검색하고 연관성을 파악할 수 있는 통합된 창구가 없다. 설령 디지털화된 문서라 하더라도 기존의 검색 방식은 원시적인 수준에 머물러 있다. 피디에프 파일의 '찾기(Ctrl+F)' 기능과 같은 키워드 검색은 사용자가 입력한 단어와 정확히 일치하는 문자열만 찾아 줄 뿐이다. 예를 들어, 운전원이 '냉각재 상실 사고(LOCA)'에 대한 절차를 찾으려 할 때, 시스템에 따라 '원자로 냉각재 재고량 감소'나 '1차 계통 압력 강하'와 같이 다른 용어로 기술된 핵심 초기 대응 문서는 놓치게 된다. 이 의미론적 간극은 안전에 직접적인 위협이 될 수 있다.

‘버전 관리’ 또한 고질적인 문제다. 기술 문서와 운전 절차서는 끊임없이 개정된다. 야간 근무 중인 운전원이 긴급 상황에서 참고하는 절차서가 과연 가장 최신의, 승인된 버전이라고 100퍼센트 확신할 수 있을까? 수동적인 버전 관리는 언제든 실수를 유발할 수 있으며, 이는 안전과 직결되는 심각한 문제로 이어질 수 있다. 여기에 더해, 수십 년간 축적된 베테랑 운전원의 경험과 노하우 같은 ‘암묵지(tacit knowledge)’는 문서화조차 되어 있지 않은 경우가 많다. 이들이 은퇴하며 귀중한 지식이 함께 소실되는 문제 역시 기존 문서 관리 체계에서는 해결할 방법이 없다. 결과적으로, 원자력 시설이 수십 년간 축적해 온 방대한 정보의 대부분은 제대로 활용되지 못하는 ‘다크 데이터(dark data)’로 남게 된다.

거대 언어 모델은 이 문제를 해결할 매우 중요한 열쇠다. 특화 거대 언어 모델은 단순히 기술 문서를 학습하는 것을 넘어, 은퇴하는 전문가들과의 대화(인터뷰 기록), 그들이 작성했던 과거의 비공식적인 메모나 이메일까지 학습 데이터로 활용할 수 있다. 이를 통해 문서화되지 않은 노하우, 즉 ‘A상황에서는 매뉴얼에는 없지만 B를 먼저 확인하는 것이 경험상 빠르다’와 같은 무형의 자산(암묵지)를 유형의 자산(디지털 지식 자산)으로 변환하고 영구적으로 보존하며, 새로운 세대의 엔지니어들에게 전수할 수 있다.

지능형 검색과 대화형 매뉴얼

AI는 이렇게 파편화되고 잠들어 있던 문서들에 생명을 불어넣어, 동적이고 상호작용이 가능한 지식 베이스로 탈바꿈한다. 이는 단순히 검색 엔진을 도입하는 수준을 넘어, 문서 관리의 패러다임 자체를 바꾸는 '지능형 문서 관리 시스템'을 통해 구현된다.

시스템의 첫 단계는 '지능형 데이터 수집 및 색인화(Intelligent Ingestion and Indexing)'다. AI는 광학 문자 인식(OCR, Optical Character Recognition) 기술을 통해 오래된 종이 문서를 스캔한 이미지 파일까지 텍스트로 변환한다. 단순히 텍스트를 추출하는 것을 넘어, 문서의 구조(제목, 단락, 표, 그림 등)를 자동으로 분석하고 이해한다. 그리고 가장 중요한 '의미 기반 색인(semantic indexing)' 작업을 수행한다. 이는 문서에 포함된 단어뿐만 아니라 그 단어들이 갖는 의미와 맥락까지 벡터(vector) 형태로 변환하여 데이터베이스에 저장하는 것이다.

이러한 지능형 색인화 작업이 끝나면, 사용자는 완전

히 새로운 방식의 검색을 경험하게 된다. 운전원은 더 이상 딱딱한 키워드를 고민할 필요 없이, 마치 동료 전문가에게 묻듯 자연어로 질문할 수 있다. 예를 들어, "잔열 제거 계통 펌프 고장 시 운전원이 즉시 취해야 할 조치 사항은?"이라고 질문하면, 시스템은 의미 기반 검색을 통해 '펌프 고장'이 '가동 불능', '유량 상실' 등과 연관된다는 것을 이해하고, 키워드가 다르더라도 관련된 모든 절차서와 비상 대응 계획을 찾아낸다. 그리고 단순히 문서 목록을 보여 주는 대신, 질문에 대한 가장 직접적인 답변을 해당 문서의 정확한 위치(페이지와 단락) 정보와 함께 제시한다.

여기서 더 나아가면, 문서는 '대화형 매뉴얼(Interactive Manual)'로 진화한다. 정비사가 현장에서 태블릿 피시의 카메라로 특정 펌프를 비춘다고 상상해 보자. AI가 컴퓨터 비전 기술로 해당 펌프의 모델명(예: PMP-RC-01A)을 인식하면, 화면에는 자동으로 해당 펌프의 정비 매뉴얼, 최근 정비 이력, 그리고 디지털 트윈과 연동된 실시간 운전 데이터가 동시에 표시된다. 정비사는 그 자리에서 "이 펌프 플랜지 볼트의 조임 토크 값은 얼마야?"라고 음성으로 묻거나 "표준 분해 절차 영상을 보여 줘"라고 요청할 수 있다. AI는 요청에 맞춰 기술 문서에서 정확한 값을 찾아 제시하고, 저장된 교육용 비디오를 재생해 준다. 이처럼 정적인 피디에프 문서가 사용자와 실시간으로 소통하고 필요한 정보를 능동적으로 제공하는 똑똑한 파트너로 변모하는 것이다. 이는 6장에서 소개된 검색 증강 생성(RAG, Retrieval-augmented generation) 기술이 텍스트뿐만 아니라 이미지, 영상 등 멀티모달 데이터를 포괄하여 실제 운영 환경에 적용된 대표적인 사례다.

지식 그래프 : 모든 정보를 연결하는 중추 신경계

지능형 문서 관리 시스템은 단순히 정보를 찾아 주는 것을 넘어, 흩어져 있던 정보들을 연결하고 분석하여 새로운 '통찰'을 만들어 내는 단계로 발전한다. 이 단계의 핵심 기술이 바로 '지식 그래프(Knowledge Graph)'다.

지식 그래프는 AI가 모든 문서를 읽고 그 안의 핵심적인 '객체(펌프-A, 밸브-B, 절차서-123 등)'와 그들 사이의 '관계(연결되다, ~에 의해 정비되다, ~에 기술되다 등)'를 자동으로 추출하여 거대한 그물망 형태로 연결한 것이다. 이를 통해 정보의 사일로는 완전히 무너진다. 엔지니어는 시스템 화면에서 '펌프-A' 객체를 클릭하는 것만으로, 이와 관련된 모든 운전 절차서, 과거 정비 이력, 5장의 디지털 트윈을 통해 들어오는 실시간 운전 데이터, 7장에서 다룬 관련 안전 규정 등을 한 화면에서 즉시 확인할 수 있게 된다.

지식 그래프는 여기서 더 나아가, 이 책에서 다룬 다른 AI 도구들과 유기적으로 결합하며 원전 전체의 지능을 관장하는 '중추 신경계' 역할을 수행한다.

예를 들어, 예측 정비 AI가 특정 펌프에서 미세한 이상 진동 패턴을 감지했다고 가정해 보자. 과거에는 이 경보가 운전원에게 전달되는 것으로 끝났지만, 이제는 다르다. 예측 정비 시스템은 이 정보를 지식 그래프에 전달한다. 지식 그래프는 이 '펌프'와 연결된 모든 정보를 순식간에 탐색하여, "해당 펌프는 3개월 전 B팀이 정비했으며, 관련된 운전 절차서 7.2.1은 2년 전 개정된 이후 한 번도 사용된 적이 없습니다. 또한 동일한 제조사의 다른 펌프들에서도 최근 유사한 진동 패턴이 보고된 바 있습니다"와 같이 인간이 발견하기 어려운 심층적인 맥락 정보를 함께 제공한다. 이는 단순한 고장 예측을 넘어, 고장의 근본 원인을 추적하고 잠재적인 시스템 전체의 위험을 파악하는 데 결정적인 도움을 준다.

결론적으로, 지능형 문서 관리 시스템과 그 핵심인 지

식 그래프는 단순히 정보를 효율적으로 관리하는 도구가 아니다. 이것은 원자력 시설이 수십 년간 축적한 모든 지식과 실시간으로 생성되는 데이터를 연결하고 흐르게 만드는 핵심 기반 시설이다. 예측 정비, 영상 감시, 디지털 트윈 등 고도화된 AI '도구'들이 제 역할을 하기 위해 반드시 필요한 '지능의 혈관'이자 '신경망'인 것이다. 이렇게 잘 구축된 지식 기반 위에서 비로소, 9장에서 다룰 모든 것을 통합하고 지휘하는 최종적인 형태의 '지능형 에이전트'가 탄생할 수 있다.

참고문헌

Hogan, A. et al.(2021). Knowledge graphs. *ACM Computing Surveys(CSUR), 54*(4), pp.1~37.

Lewis, P. et al.(2020). Retrieval-augmented generation for knowledge-intensive NLP tasks. *Advances in Neural Information Processing Systems, 33*, pp.9459~9474.

Lu, C. et al.(2024). The AI Scientist: Towards Fully Automated Open-Ended Scientific Discovery, arXiv:2408.06292

Noy, N. et al.(2019). Industry-scale knowledge graphs: A large-scale study. *The Semantic Web-ISWC 2019*, pp.569~586.

Preece, J.(2022). The integration of AI and OCR technologies in digital humanities. *Digital Humanities Quarterly, 16*(3).

09
원자로 제어를 위한 지능형 에이전트

앞에서 소개한 모든 AI를 하나로 통합하여, 원자로의 안전하고 효율적인 운영이라는 단일 목표를 위해 스스로 생각하고 행동하는 'AI 운전원'의 등장을 논의할 차례다. 이전 장들에서 다룬 모든 AI 기술의 결정체로서, 자율적인 원자로 제어 및 운영을 수행하는 '지능형 에이전트(Intelligent Agent)'의 기술적 원리와 구체적인 활용 사례를 소개한다.

AI와 화장품?

단순한 프로그램을 넘어: 지능형 에이전트의 구성 요소

전통적인 원자로 제어 시스템이 사전에 프로그래밍된 수많은 '만약 ~라면 ~하라(if-then)' 규칙의 집합이었다면, 지능형 에이전트는 '안전하고 효율적으로 100퍼센트 출력을 유지하라'는 목표 지향적으로 작동하는 적응형 시스템이다. 최근 AI 기술은 거대 언어 모델을 단순히 정보를 처리하는 수동적인 도구가 아닌, 주어진 목표를 달성하기 위해 스스로 계획을 세우고, 외부 도구를 사용하며, 일련의 행동을 수행하는 능동적인 주체, 즉 '에이전트'로 진화시키고 있다.

이러한 에이전트 시스템이 복잡한 원자력 환경에서 안정적으로 작동하기 위해서는, 에이전트의 '두뇌'에 해당하는 거대 언어 모델뿐만 아니라, 다양한 구성 요소들이 유기적으로 정보를 교환하고 협력할 수 있는 견고한 아키텍처가 필수적이다. 최근 AI 업계에서는 이러한 아키텍처를 구현하기 위한 핵심적인 통신 프로토콜로 앤스로픽과 구글에서 발표한 모델 문맥 프로토콜(MCP, Model Context Protocol)과 에이전트 간 프로토콜(A2A, Agent-to-Agent)이 주목받고 있다.

쉽게 비유하자면, 모델 문맥 프로토콜은 에이전트와

그 에이전트가 사용하는 도구들(예: 데이터베이스, 시뮬레이터) 사이의 통신 규약, 즉 '수직적 통합'을 담당한다. 반면 에이전트 간 프로토콜은 여러 전문 에이전트들(예: 진단 에이전트, 제어 에이전트) 간의 소통 규약, 즉 '수평적 통합'을 담당한다. 이 두 프로토콜은 원자력 분야처럼 여러 시스템과 전문가가 협업해야 하는 복잡한 환경에서 지능형 에이전트가 효과적으로 작동하기 위한 핵심 기반이 될 것으로 기대된다. 이러한 프로토콜 위에서 작동하는 지능형 에이전트는 다음과 같은 핵심 모듈로 구성된다.

인식(Perception) 모듈

에이전트의 '오감'에 해당한다. 2장과 3장에서 설명한 예측 정비 및 영상 감시 시스템을 통해 원자로 내 수천 개의 센서에서 들어오는 실시간 데이터, 폐쇄 회로 텔레비전 영상, 그리고 인간 운전원의 자연어 명령 등 외부 환경의 모든 정보를 받아들인다.

지식 기반(Knowledge Base)

에이전트의 '장기 기억'이다. 8장에서 설명한 지능형 문서 관리 시스템과 지식 그래프가 바로 이 역할을 수행한다. 운전 절차서, 안전 분석 보고서, 정비 이력, 규제 요건 등 방대한 양의 정형 및 비정형 정보를 학습하고 체계적으로 저장한다.

추론 및 계획 엔진(Reasoning & Planning Engine)

에이전트의 핵심 '두뇌'다. 6장에서 다룬 원자력 특화 거대 언어 모델이 이 역할을 수행한다. 인식된 현재 상황과 지식 기반의 정보를 종합하여 "현재 원자로의 상태는 어떠하며, 주어진 목표를 달성하기 위해 어떤 행동들을, 어떤 순서로 수행해야 하는가?"를 추론하고 계획한다.

가상 검증 환경(가상 원전)

에이전트의 두뇌가 아무리 뛰어난 계획을 세워도, 그 결과가 현실에서 어떻게 나타날지 100퍼센트 확신할 수는 없다. 바로 이 지점에서 5장에서 설명한 디지털 트윈이 에이전트의 가장 중요한 안전장치이자 의사결정 도구로 작동한다. 추론 및 계획 엔진이 수립한 행동 계획은 현실 세계에 적용되기 전, 반드시 이 가상 검증 환경에서 먼저 시뮬레이션된다. 이는 마치 파일럿이 실제 비행에 나서기 전, 비행 시뮬레이터에서 수없이 많은 이착륙과 비상 상황을 훈련하는 것과 같다. 이 '가상 실행 및 검증' 단계를 통해 AI는 자신의 계획이 가져올 결과를 미리 확인하고, 잠재적인 위험을 발견하면 계획을 수정하거나 폐기한다. 이 모듈은 에이전트의 판단이 항상 안전하고 신뢰할 수 있도록 보장하는 핵심적인 역할을 수행한다.

행동(Action) 모듈

에이전트의 '손발'이다. 가상 검증 환경에서 안전성이 확인된 계획의 각 단계를 실제 원자로 제어 시스템이 이해할 수 있는 구체적인 명령(예: 함수 호출)으로 변환하여 실행한다. 예를 들어, 한국원자력연구원에서 진행 중인 초기 연구에서 국제원자력기구에서 제공하는 소형 모듈 원자로 시뮬레이터를 제어하기 위한 수십 개의 함수를 정의하고 에이전트에게 제공했다. 운전원이 '원자로 출력을 80퍼센트로 낮추시오'와 같은 지시를 내리면, 에이전트는 이 목표를 달성하기 위해 스스로 '제어 모드 변경', '제어봉 삽입', '출력 감시' 등 필요한 함수들을 논리적인 순서에 맞게 자율적으로 호출하여 임무를 완수할 수 있다.

에이전트는 어떻게 학습하고 판단하는가

현대의 지능형 에이전트는 복합적인 방식으로 지능을

확보한다. 이는 단일한 학습 방법론에 의존하는 것이 아니라, 여러 단계의 학습과 최신 AI 아키텍처를 통해 지식과 판단 능력을 점진적으로 고도화하는 방식이다.

첫째, 사전 학습과 미세 조정(Pre-training & Fine-tuning)을 통해 '전문 지식'을 내재화한다. 6장에서 설명했듯이, 일반적인 지식을 학습한 범용 거대 언어 모델을 원자력 분야의 방대한 문서 데이터로 추가 학습(미세 조정)시켜, 원자력 용어와 개념, 절차에 대한 깊은 이해를 갖춘 전문가로 만든다. 또한 에이전트에 필수적인 추론(Reasoning) 능력을 향상하기 위한 학습도 병행되어야 한다.

둘째, 에이전틱 아키텍처(Agentic Architecture)를 통한 추론 및 계획 능력을 발휘한다. 에이전트는 질문을 받자마자 즉흥적으로 답하는 것이 아니라, 문제를 해결하기 위한 논리적 흐름을 스스로 생성하고 검토한다. 이 과정에서 거대 언어 모델을 위한 설명 가능 AI의 역할이 중요해진다. 예를 들어 '생각의 사슬(Chain-of-Thought)'나 '리액트(ReAct, Reasoning and Acting)'와 같은 프레임워크는 AI가 최종 결론에 도달하기까지의 생각의 흐름을 단계별로 보여 준다. 이러한 투명성은 인간 감독관이 AI의 판단을 신뢰하고 감독할 수 있게 하는 핵심적인 요소다.

셋째, 검색 증강 생성과 도구 사용을 통해 '정확성'과 '실행력'을 확보한다. 에이전트는 추론 과정에서 자신의 기억력에만 의존하지 않는다. 최신 정보가 필요하면 지식 기반(Knowledge Base)을 실시간으로 검색하여(검색 증강 생성) 가장 정확하고 검증된 정보를 참조한다. 또한 물리적 조치가 필요하면 사전에 정의된 제어 함수(도구)를 호출하여 시뮬레이터나 실제 설비를 제어한다.

인간과의 협력: 자율 운전의 현실과 미래

지능형 에이전트가 아무리 뛰어나다 해도, 최종적인 책임은 인간에게 있다. 특히 의사 결정 과정이 투명하지 않은 '블랙박스' 문제는 AI의 현장 수용성을 가로막는 큰 장벽이다. 따라서 완전 자율 운전은 하루아침에 이루어지는 것이 아니라, 인간과 AI가 협력하며 신뢰를 쌓아 가는 단계적인 과정을 통해 발전할 것이다. 자율성의 수준은 다음과 같이 나누어 볼 수 있다.

1단계: 운전 조수(Operator Assistant)

AI는 '정보 제공자', 인간은 '최종 의사 결정자'다. AI가 상황 분석과 관련 정보를 제공하면, 인간이 모든 판단과 조치를 수행한다.

2단계: 공동 조종사(Co-pilot)

AI가 출력 유지와 같은 일상적이고 반복적인 운전 업무를 자율적으로 수행하고, 인간은 이를 감독하며 예외적인 상황에 개입한다.

3단계: 감독하의 자율 운전(Supervised Autonomy)

AI는 '대부분의 임무 수행자', 인간은 '승인자 및 감독관'이다. AI가 사전에 정의된 중요 의사 결정이 필요할 때 인간에게 승인을 요청하는 '인간 중심(Human--in-the-loop)' 모델이다.

4단계: 완전 자율 운전(Full Autonomy)

AI는 '현장 운영자', 인간은 '원격 감독관'이다. 인간은 중앙 통제 센터에서 다수의 원전을 원격으로 감독하며, 시스템이 해결할 수 없는 극히 예외적인 문제에만 개입한다.

한국원자력연구원에서는 연구용 원자로인 '하나로'와 경주에 건설될 '교육연구로'를 대상으로, 운전원의 업무를 보조하고 운영 효율을 높이기 위한 지능형 에이전트 연구를 기획하고 있다. 이는 원자로의 운전 기록, 절차서, 규제 문서 등을 종합적으로 고려하여 운전원의 의사결정을 지원하는 1~2단계 수준의 에이전트를 실증하는 것을 목표로 한다.

결론적으로, 지능형 에이전트는 지금까지 논의된 모든 AI 기술의 집약체이자, 미래 원자력 기술의 정점이다. 완전 자율 운전이라는 궁극적인 목표에 도달하기까지는 넘어야 할 기술적, 제도적 과제가 많지만, 운전 조력자, 공동 조종사 형태의 AI를 도입하는 것만으로도 원자력의 안전성과 효율성은 지금과는 비교할 수 없는 수준으로 향상될 것이다. 미래의 원자로는 인간을 대체하는 AI가 아닌, 인간과 AI가 하나의 팀을 이루어 완벽한 조화를 만들어 내는 새로운 협력의 시대가 될 것이다.

참고문헌

DeepSeek AI, et al.(2025). DeepSeek-R1: Incentivizing Reasoning Capability in LLMs via Reinforcement Learning. arXiv:2501.12948.

Google.(n.d.). A2A(Agent-to-Agent) Protocol. Retrieved from https://google.github.io/A2A/

Guamian.(2025. 4. 11). A2A vs MCP: 새로운 에이전트 생태계를

위한 두 개의 보완적 프로토콜. Logto Blog. Retrieved from https://blog.logto.io/ko/a2a-mcp

Ouyang, L. et al.(2022). Training language models to follow instructions with human feedback. *Advances in neural information processing systems, 35*, pp.27730~27744.

Lewis, P. et al.(2020). Retrieval-augmented generation for knowledge-intensive NLP tasks. *Advances in Neural Information Processing Systems, 33*, pp.9459~9474.

Long, J.(2023). Large Language Model Guided Tree-of-Thought, arXiv preprint arXiv:2305.08291

Sutton, R. S. & Barto, A. G.(2018). *Reinforcement learning: An introduction.* MIT press.

Yao, S. et al.(2023). ReAct: Synergizing Reasoning and Acting in Language Models. ICLR.

Yu, Y. et al.(2025). Toward Intelligent Mechanical Systems: Control and Decision-Making with Large Language Models. *JMST Advances*, pp.1~7.

10
AI, 원자력의 미래를 완성하다

지금까지의 논의를 종합하여 AI가 그려 나갈 원자력 산업의 미래상을 조망하고, 그 과정에서 우리가 마주할 잠재적 이점과 한계, 그리고 새롭게 정의될 인간의 역할에 대해 제시하고자 한다.

종교와 AI?

도전적인 예상: 원자력 연구 개발과 원전 운영의 완전 자동화

AI가 원자력계에 가져올 변화에 대해서 도전적인 예상을 해 본다. AI가 원자력 분야에 가져올 궁극적인 변화는 '연구 개발'과 '운영'이라는 두 축의 완전 자동화다. 이는 단순히 기존 업무를 효율화하는 수준을 넘어, 지식 창출과 에너지 생산의 패러다임 자체를 바꾸는 혁명적인 변화를 일으킬 수 있다.

미래의 원자력 연구 개발은 독립적으로 연구의 전 과정을 수행할 수 있는 완전 자동화된 AI 시스템인 'AI 과학자'가 주도하게 될 것이다. 예를 들어, '더 효율적인 소형 모듈 원자로 구조를 설계하라'는 큰 목표가 주어지면, AI 과학자는 거대 언어 모델을 이용해 전 세계의 모든 관련 연구 논문과 특허를 순식간에 분석하여 현재 기술의 한계와 지식의 공백을 파악하고, 이를 바탕으로 새로운 물질이나 구조에 대한 혁신적인 가설을 수립한다. 그다음, 이 가설을 검증하기 위한 최적의 시뮬레이션 실험을 스스로 설계하고, AI 가속 시뮬레이션 기술을 통해 수천, 수만 개의 가상 실험을 디지털 트윈 환경에서 자동으로 실행한다. 마지막으로, 실험 결과를 분석하여 결론을 도출하고, 그 과정과 결과를 담은 도면과 보고서까지 스스로 작성한다. 이러한 시스템은 인간 연구팀이 수년에 걸쳐 수행할 연구 개발 과정을 단 몇 주, 혹은 며칠 만에 완료할 수 있게 하여 과학적 발견의 속도를 비약적으로 끌어올릴 것이다.

운영 분야에서는 '완전 자율 원전'의 등장을 상상해 볼 수 있다. 물론 이는 단기간에 이루어질 수 있는 가까운 미래는 아니며, 우리가 기술적으로 도달하고자 하는 궁극적인 비전이자 도전적인 상상이다.

이 미래상 속에서 소형 모듈 원자로(SMR) 단지는 중앙 통제실에 있는 소수의 인간 감독관과 현장에서 자율적으로 움직이는 AI 에이전트들에 의해 운영된다. 9장에서 소개한 지능형 에이전트는 단순히 원자로를 제어하는 것을 넘어, 발전소 운영의 모든 측면을 총괄하는 '총지배인' 역할을 수행한다.

에이전트는 실시간 전력 수요를 분석하여 발전량을 최적으로 조절하고, 예측 정비 시스템과 연동하여 스스로 정비 계획을 수립한다. 고장이 예측되는 부품이 발생하면, 인간의 감독하에 AI 로봇에게 교체를 지시하여 자동으로 수리를 완료한다. 나아가, 축적된 운전 데이터를 기반으로 핵연료의 연소 이력을 정밀하게 추적하고 최적의 교체 주기를 계산하며, '사용 후 핵연료'의 관리 계획까지 수립할 수 있다. 또한 알려진 패턴의 사이버 공격에 대해서는 자동화된 방어 체계를 통해 스스로 대응하고 그 결과를 보고한다. 이러한 고도의 자동화는 원자력에너지 생산 비용을 극적으로 낮추고 인간의 개입을 최소화함으로써, 인적 오류의 가능성을 원천적으로 차단하는 궁극의 안전을 구현하게 될 것이다.

기술적 한계와 윤리적 고찰

앞서 제시한 비전은 몇 년 전까지만 하더라도 100년 후에나 실현될 영화 속 이야기로 여겨졌지만, 이제 가까운 미래에 실현될 수 있는 가능성의 궤도에 올랐다. 하지만 이 도전적인 장밋빛 미래가 현실이 되기까지는 반드시 해결해야 할 기술적, 윤리적 과제들이 남아 있다.

첫째, AI 모델 자체의 내재적 한계다. 거대 언어 모델은 본질적으로 확률적 모델이므로, 때때로 그럴듯하지만 사실이 아니거나 부정확한 정보를 생성하는 '환각' 현상을 보인다. 또한 동일한 입력에 대해서도 완벽하게 동일한 출력을 보장하기 어려워 완벽한 예측 가능성과 재현성을 담보하기 어렵다. 이는 안전이 무엇보다 중요한 원자력 분야에서 AI 시스템의 신뢰성을 확보하는 데 가장 큰 걸림돌이다.

둘째, 검증 및 신뢰성 확보의 어려움이다. 현재로서는 거대 언어 모델 기반 에이전트 시스템의 안전성을 평가하고 검증하기 위한 엄격하고 공식적인 방법론이나 규제 체계가 부재한 상황이다. AI의 의사 결정 과정을 투명하게 이해하기 위한 설명 가능 AI 기술 적용이 필수적이며, AI가 내놓는 답변이나 예측의 불확실성을 정량화하여(예: 신뢰도 확률 제시) 운전원이 정보에 기반한 판단을 내릴 수 있도록 보조해야 한다.

셋째, 하드웨어의 신뢰성 및 특수 환경 극복 문제다. AI 시스템의 안정성은 소프트웨어 알고리즘뿐만 아니라, 그것이 구동되는 물리적인 하드웨어에 깊이 의존한다. 원자력 시설 내부의 강력한 방사선 환경은 일반 상용 반도체 칩의 오작동이나 영구적인 손상을 유발할 수 있다. 따라서 AI 에이전트의 두뇌 역할을 하는 컴퓨터와 센서, 로봇 구동부 등 모든 전자 부품에 대한 내방사선(radiation-hardening) 기술 개발은 필수적인 선결 과제다. 또한 소프트웨어나 하드웨어에 오류가 발생하더라도 시스템 전체가 치명적인 상태에 빠지지 않고, 사전에 정의된 안전한 상태로 전환되는 '페일 세이프(Fail-safe)' 설계가 반드시 하드웨어 수준에서부터 보장되어야 한다. 고온, 고습, 강한 진동 등 발전소의 가혹한 환경을 견

디는 내구성 확보 역시 중요한 기술적 과제다.

넷째, 외부 시스템 의존성의 위험이다. 현재 대부분의 연구는 교육용 시뮬레이터와 같이 실제 원전의 복잡성과 예기치 못한 사건들을 완벽하게 모사하지 못하는 환경에서 이루어지고 있다. 제한된 시나리오에서 얻어진 결과가 실제 환경에서도 동일하게 작동하리라는 보장이 없으며, 시뮬레이터 환경에 과적합(over-optimized)될 위험이 존재한다.

다섯째, 새로운 인적 오류(Human Factor)의 가능성이다. AI 도입으로 운전원의 인지 부하는 감소하지만, 자동화에 대한 과신(Automation Bias)으로 인해 비정상적인 상황을 감지하지 못하거나, 비상시 수동 조작 능력이 저하될 위험도 존재한다. 이에 대비한 지속적인 훈련과 명확한 역할 분담 정의가 필요하다.

마지막으로 법적·윤리적 책임 소재의 문제다. 만약 자율 운전 시스템의 오판으로 사고가 발생했을 때, 그 책임은 누구에게 있는가? AI를 운영한 발전사, 알고리즘을 개발한 AI 기업, 아니면 잘못된 데이터를 학습시킨 책임자 중 누구의 탓인가? 이는 명확한 법률적, 사회적 합의가 필요한 민감한 문제다. 이 외에도 일자리 전환 문제, 사이버 보안 위협 등 해결해야 할 사회적 과제도 산적해 있다.

새로운 협력의 시대: '인간 중심' 패러다임

AI 시대의 도래가 인간의 역할을 없애는 것은 결코 아니다. 오히려 인간을 반복적이고 기계적인 업무에서 해방해, 더 고차원적이고 창의적인 역할로 나아가게 한다. 미래 원자력 산업에서 인간의 역할은 '조종사'에서 '관제사'로, '실무자'에서 '전략가'로 재정의될 것이다.

이러한 미래상은 막연한 예측이 아니라, AI 안전 및 인간-컴퓨터 상호작용(HCI, Human-Computer Interaction) 분야에서 정립된 '인간 중심(HITL, Human-in-the-Loop)' 이라는 공학적 설계 원칙에 기반한다. 여기서 '인간 중심' 이란 AI 시스템의 의사 결정 과정에 의도적으로 인간의 감독, 판단, 피드백을 통합하여 시스템의 신뢰성, 안전성, 책임성을 확보하는 설계 철학이다. 즉 인간은 더 이상 루프(loop) 안의 '실행자'가 아니라, 루프를 감독하고 방향을 설정하는 '관리자'가 된다. 우리가 앞서 논의한 인간의 새로운 역할들은 바로 이 '인간 중심' 패러다임의 구체적인 구현 형태다.

첫째, 인간은 AI 시스템의 '감독자(Supervisor)'이자 '프로젝트 매니저(PM, project manager)'가 될 것이다.

인간은 더 이상 제어봉을 직접 조작하거나 수많은 계측기를 일일이 감시하지 않는다. 대신 여러 AI 에이전트에게 '안전성을 최우선으로 고려하면서 전력 생산량을 극대화하라'와 같은 상위 목표를 부여하고, AI가 그 목표를 잘 수행하고 있는지 전체적인 상황을 감독하고 관리한다. 이를 위해서는 운전원이 AI 에이전트를 효과적으로 감독하고, 필요시 개입하며, 협력할 수 있도록 하는 최적의 인터페이스와 상호작용 방법을 개발하기 위한 심도 있는 인간-컴퓨터 상호작용 연구가 병행되어야 한다.

둘째, 인간은 고유의 통찰력과 경험을 바탕으로 하는 '전략가'의 역할을 맡게 된다. AI가 현재의 데이터를 기반으로 최적의 답을 찾는 데 뛰어나다면, 인간은 불확실한 미래를 예측하고, 여러 분야의 지식을 융합하여 새로운 가치를 창출하는 전략적 사고에 강점이 있다. 차세대 원자로 기술에 대한 투자 방향을 결정하거나, 원자력과 재생 에너지를 어떻게 조화롭게 운영할지, 혹은 연구 결과가 사회에 미칠 윤리적 함의를 평가하는 등 복합적이고 창의적인 판단은 여전히 인간의 고유한 영역으로 남을 것이다.

마지막으로, 인간은 AI의 행동과 윤리의 기준을 정하는 '윤리학자'이자 '최종 검증자'가 되어야 한다. AI에게

'안전'이라는 개념을 어떻게 가르칠 것인가? '효율'과 '안전'이 충돌할 때 무엇을 우선하도록 설계할 것인가? 이러한 근본적인 가치 판단의 기준을 세우고, AI가 그 기준을 넘지 않도록 통제하며, 그 결과를 최종적으로 검증하고 책임지는 것은 오롯이 인간의 몫이다.

결론적으로, 원자력과 AI의 미래는 어느 한쪽이 다른 쪽을 대체하는 것이 아닌, 서로의 강점을 극대화하는 '공생'의 모습일 것이다. AI는 인간이 따라갈 수 없는 속도와 정확성으로 데이터를 처리하고 시스템을 최적화한다. 인간은 AI가 갖지 못한 직관과 창의성, 그리고 윤리적 판단력으로 방향을 제시하고 최종적인 책임을 진다. 이 새로운 인간-AI 파트너십은 원자력이 마주한 오랜 과제들을 해결하고 인류에게 더 안전하고 깨끗하며 신뢰할 수 있는 에너지를 공급하는 새로운 시대를 여는 가장 확실한 열쇠가 될 것이다.

참고문헌

Binns, R.(2018). Fairness in Machine Learning: Lessons from Political Philosophy. *Proceedings of Machine Learning Research, 81*, pp.149~159.

ChatDev.(n.d.). Personalize your AI Town and build your GPTs with PromptIDE. chatdev.toscl.com.

Crawford, K. & Calo, R.(2016). There is a blind spot in AI research. *Nature, 538*(7625), pp.311~313.

Lu, C. et al.(2024). The AI Scientist: Towards Fully Automated Open-Ended Scientific Discovery. arXiv preprint.

Mittelstadt, B. et al.(2016). The ethics of algorithms: Mapping the debate. *Big Data & Society, 3*(2).

유용균

2010년 카이스트(KAIST) 기계공학과에서 바이올린의 위상 최적 설계 주제로 박사학위를 받았다. 이후 카이스트(KAIST) 모바일하버사업단의 연구조교수, 팀장으로 재직하면서 선박 크레인 제어 알고리즘을 개발했다. 2012년부터 한국원자력연구원에서 소형원자로의 해석 및 설계 업무를 담당하다가, 알파고 이후로 인공지능 학계에 뛰어들어 세계 최초로 인공지능기반 위상 최적 설계 논문을 출간했다. 2020년부터 한국원자력연구원 인공지능응용연구실장을 맡고 있다. 또한 인공지능 학회인 사단법인 AI프렌즈의 대표(2019~), 과학기술연합대학원대학교(UST) 인공지능전공 전임교원(2022~), 엔비디아(Nvidia) 앰배서더(2021~), 대한기계학회 인공지능머신연구회 이사(2020~) 등으로 활발하게 AI 커뮤니티 활동을 지속하고 있다. 주요 논문으로 "바이올린 브릿지의 위상최적설계"(2012), "딥러닝을 활용한 위상최적설계"(2018) 등이 있으며 20편 이상의 SCI 논문을 게재했다.